《国学经典藏书》丛书编委会

顾　问
　　许嘉璐

主　编
　　陈　虎

编委会成员

陆天华	李先耕	骈宇骞	曹书杰	郝润华	潘守皎
刘冬颖	李忠良	许　琰	赵晨昕	杜　羽	李勤合
金久红	原　昊	宋　娟	郑红翠	赵　薇	杨　栋
李如冰	王兴芬	李春燕	王红娟	王守青	房　伟
孙永娟	米晓燕	张　弓	赵玉敏	高　方	陈树千
邱　锋	周晶晶	何　洋	李振峰	薛冬梅	黄　益
何　昆	李　宝	付振华	刘　娜	张　婷	王东峰
余　康	安　静	刘晓萱	邵颖涛	张　安	朱　添
杨　刚	卜音安子				

国学经典藏书

呻 吟 语

李晓明　张　婷　译注

中国出版集团有限公司

研究出版社

图书在版编目（CIP）数据

呻吟语 / 李晓明，张婷译注. —— 北京: 研究出版社，2024.1

（国学经典藏书）

ISBN 978-7-5199-1489-9

Ⅰ.①呻… Ⅱ.①李…②张… Ⅲ.①《呻吟语》—译文②《呻吟语》—注释 Ⅳ.①B248.92

中国国家版本馆 CIP 数据核字（2023）第 088776 号

出 品 人：赵卜慧
出版统筹：丁　波
责任编辑：谭晓龙

国学经典藏书：呻吟语
GUOXUE JINGDIAN CANGSHU：SHENYIN YU
李晓明　张　婷　译注
研究出版社 出版发行
（100006　北京市东城区灯市口大街 100 号华腾商务楼）
河北松源印刷有限公司　新华书店经销
2024 年 1 月第 1 版　2024 年 1 月第 1 次印刷
开本：880毫米×1230毫米　1/32　印张：9.5
字数：196 千字
ISBN 978-7-5199-1489-9　定价：40.00 元
电话：（010）64217619　64217652（发行部）

版权所有·侵权必究
凡购买本社图书，如有印制质量问题，我社负责调换。

编者的话

经典是人类知识体系的根基,是人类的精神家园,是我们走向未来的起点。莎士比亚说过:"生活里没有书籍,就好像没有阳光;智慧里没有书籍,就好像鸟儿没有翅膀。"21世纪中国国民的阅读生活中最迫切的事情是什么?我们的回答是阅读经典!

中国有数千年一脉相传、光辉灿烂的文化,并长期处于世界文化发展的前列,尤其是在近代以前,曾长期引领亚洲乃至世界文化的发展方向。长期超稳定的社会发展形态和以小农生产为基础的、悠闲的宗法农业社会,塑造了中华民族注重实际、偏重经验、重视历史的文化心理特征。从殷商时代的"古训是式"(《诗经·大雅·烝民》),到孔子的"述而不作,信而好古"(《论语·述而》),可以清楚地看出这种文化心理不断强化的轨迹。于是,历史就被赋予了神圣的光环,它既是人们获得知识的源泉,也是人们价值标准的出处。它不再是僵死的、过去的东西,而是生动活泼、富有生命力,并对现世仍有巨大指导作用的事实。因而就形成了这样一种固定的文化思维方式,也就是"以铜为鉴,可正衣冠;以古为鉴,可知兴替;以人为鉴,可明得失"(《新唐书·魏徵传》)。中国的文化人世代相承,均从历史中寻求真理,寻求"修身、齐家、治国、平天下"的崇高理想模式。这种对于历史所怀有的深沉强烈的认同感,正是历史典籍赖以发展、繁荣的文化心理基础。历史上最先给历史典籍的研究和整理工作涂上政治、道德和伦理色彩的是春秋时期的孔子。当时的孔子因感"周室微而礼乐废、《诗》《书》缺",于是删订了《诗》《书》《礼》《乐》《易》《春秋》等"六经"(见《史记·孔子世家》),寄托了自己在政治上"复礼"和道德上"归仁"的最高理想。孔子以后,历史典籍的编撰无不遵循着这一最高原则。所以《隋书·经籍志》总序中就说:"夫经籍也者,机神之妙旨,圣哲之能事。所以经天地,纬阴阳,正纲纪,弘道德,显仁足以利物,藏用足以独善……其王者之所以树风声,流显号,美教化,移风俗,何莫由乎斯道?……其教有适,其用无穷,实仁义之陶钧,诚道德之櫜籥也。……夫仁义礼智,所以治国也;方技数术,所以治身也。诸子为经籍之鼓吹,文章乃政化之黼黻,皆为治国之具也。"(《隋书·经籍志一》)由此可见,历史典籍的编撰整理工作,已不仅仅是文化技术问题,更重要的是它还负有"正纲纪,弘道德"的政治和道德使命。于是,在两千多年的历史发展过程中,先人们为我们留下了汗牛充栋的文化典籍。这些宝贵的精神财富,不仅是我们中华民族的骄傲,也是全人类的骄傲,并已成为世界文化宝藏的重要组成部分。

中国的先哲们一向对古代典籍充满崇敬之情,他们认为,先王之道、历史经验、人伦道德以及治国安邦之术、读书治学之法等等,都蕴藏于典籍之中。文献典籍是先王之道、历史经验、人伦道德等赖以传递后世的重要手段。离开书籍,后人将无法从前朝汲取历史经验,无法传承先王之道。在日新月异的当代,如何对待这份优秀的文化遗产?毛泽东同志早就指出:"中国的长期封建社会中,创造了灿烂的古代文化。清理古代文化的发展过程,剔除其封建性的糟粕,吸取其民主性的精华,是发展民族新文化、提高民族自信心的必要条件。……中国现时的新文化也是从古代的旧文化发展而来,因此,我们必须尊重自己的历史,决不能割断历史。但是,这种尊重是给历史以一定的科学地位,是尊重历史的辩证法的发展,而不是颂古非今。"(毛泽东《新民主主义论》)古代典籍,不仅对中华民族的形成与发展历史地发挥了巨大的凝聚力作用,而且在当今中华民族伟大复兴中,依然会发挥无可替代的重要作用。

在科学技术迅猛发展的当代社会,人们的生活、观念正在发生着巨大而深刻的变革,面对蓬勃发展的现代科技和汹涌而至的各种思潮,人们依然能深切地感受到中华传统文化无所不在的巨大力量。人们渴望了解这种无形的力量源泉,于是绚丽多姿的中华典籍就成了人们首要的选择。它能够使我们在精神上成为坚强、忠诚和有理智的人,成为能够真正爱人类、尊重人类劳动、衷心地欣赏人类的伟大劳动所产生的美好果实的人。所以,在今天,我们要阅读经典;当数字化、网络化带来的"信息爆炸"占领人们的头脑、占用人们的时间时,我们要阅读经典;当中华民族迈向和平崛起和民族复兴的伟大征程时,我们更要阅读经典。因此,读经典,这个我们习以为常的平凡过程,实际上就成了人的心灵和上下古今一切民族的伟大智慧相结合的过程。但由于时代的变迁,这些经典对现代人来说已仿佛谜一样的存在。为继承这份优秀的文化遗产,帮助人们更好地利用这些经典,在全国学术界诸多专家学者的支持下,我们策划了这套"国学经典藏书"丛书。

丛书以弘扬传统、推陈出新、汇聚英华为宗旨,以具有中等以上文化程度的广大读者为对象,从我国古代经、史、子、集四个部类的典籍中精选50种，以全注全译或节选的形式结集出版。在书目的选择上，重点选取我国古代哲学、历史、地理、文学、科技、教育、生活等领域历经岁月洗礼、汇聚人类最重要的精神创造和知识积累的不朽之作。既注重选取历史上脍炙人口、深入人心的经典名著，又注重其适应现代社会的人文价值趋向。丛书不仅精校原文，而且从前言、题解，到注释、译文，均在吸收历代学者研究成果的基础上精心编撰。在注重学术性标准的基础上，尽量做到通俗易懂。我们相信，本丛书的出版，对提高人们的古代典籍认知水平，阅读和利用中华传统经典，传播中华优秀文化，提高人们的民族自信心和文化自豪感，进而为中华民族伟大复兴作贡献，均将起到应有的作用。高尔基说："书籍是人类进步的阶梯。""要热爱读书，它会使你的生活轻松，它会友爱地帮助你了解纷繁复杂的思想、感情和事件；它会教导你尊重别人和你自己；它以热爱世界、热爱人类的情感，来鼓舞智慧和心灵。""当书本给我讲到闻所未闻、见所未见的人物、感情、思想和态度时，似乎是每一本书都在我面前打开一扇窗户，并让我看到一个不可思议的新世界。"(《高尔基论青年》，中国青年出版社，1956年版)。流传千年的文化经典，让我们受益匪浅，使我们懂得更多。正如德国著名作家歌德所说："读一本好书，就是和一位品德高尚的人谈话。"的确，读一本好书，就像是结交了一位良师益友。我们真诚希望，这套经典丛书能够真正进入您的生活，成为人人应读、必读和常读的名著。

陈　虎
庚子岁孟秋

前　言

"语体"这种著作形式，在中国源远流长。早在春秋时，楚庄王就太子的教育请教过自己的重臣，楚臣申叔时认为教育太子需要很多门类的知识，其中就包括"语"，他说："教之《语》，使明其德，而知先王之务用明德于民也。"可见，最初的"语"当是记录先王先圣的嘉言懿行的，使读之者能够明辨是非，并且能够践履之。

之后语体的著作一直发展着，最为著名的就是《论语》，记述孔子及其弟子的言行。此书虽以言语为主，但言不离行，所以也有一些关涉人物言语背景和环境的交代。《论语》的编撰完成大体标志着语体的成熟和完善。延及后世，代有所作。至于体例和风格上的变异，势当必然，但语体的本质，始终如一，南北朝有刘义庆的《世说新语》、唐代有刘肃的《大唐新语》、北宋有王谠的《唐语林》、南宋有朱熹的《朱子语类》等。到了明代中后期，随着商品经济的发展，人们的思想空前活跃，图书出版业空前繁荣，一些语录、格言和其他日用书籍便盛行于世。吕坤的《呻吟语》及随后洪应明的《菜根谭》就是在这样的背景下产生的。此类语录,继承了古代语录格言体的叙述形式及家书家训的言说对象,既借鉴前贤的思想又贯穿作者自己对社会历史的个体认知,通常体现儒、释、道三教合一的思想,即儒家的入世与中庸、释家的出世和道家的无为,而仍以儒家为主。显然,这类著作的表达个体也是有着明显的不同和倚重,对于传统思想或有重述,或有扩展延伸和偏重,成为作者要表达的处世法则,从而形成自己的特色。

《呻吟语》作者吕坤(1536—1618),字叔简,号新吾、心吾,晚号抱独居士,又号了醒亭居士,河南宁陵县人。他是一位为人正直、思想渊博的学者、思想家、哲学家,一生经历嘉靖、隆庆、万历三朝,长期在地方和中央任职,曾官至山西巡抚,都察院左、右佥都御史,刑部左、右侍郎等,所在皆有政声。《明史》卷二二六有传。万历皇帝在经历了最初阶段的励精图治之后,到了中晚期政治日益倒退和腐败。万历二十五年(1597),吕坤向朝廷上疏直陈时弊,指出眼下亟须采取的政治经济措施,但是却被无视,当然也没有被治罪。看着政治上无所作为,他便"称疾乞休",获得准许。史载:"坤刚介峭直,留意正学。居家之日,与后进讲习。所著述多出新意。"其本传同时记载:"初,坤按察山西时,尝撰《闺范图说》,内侍购入禁中。"这表明,吕坤的读书思考及撰述工作伴随其一生,很多著作在早期就已经刊行于世,在社会上传播甚广。也可以看出,吕坤的撰著或修订工作主要是在他退休之后的二十年间所进行的。吕坤的著作除上面提到的《呻吟语》《闺范图说》外,尚有《去伪斋文集》《实政录》《四礼疑》《四礼翼》等。

《呻吟语》被称为吕坤的呕心沥血之作,也是他留给后人的济世良方、处事宝典。他在给《呻吟语》作序时介绍说:"呻吟,病声也。呻吟语,病时疾痛语也。"人在病痛时难免会呻吟,他记录下这些"病时疾痛之语",就是为了警醒人们不要忘了病时的痛苦。当然他这里所指的"病"主要是国民的病、社会的病、国家的病、统治者的病。他是对当时病入膏肓的人心和社会所发出的警世危言,忧国忧民之情溢于言表。吕坤在临终自撰的墓志铭中自我评价:"性直不委婉,严毅少温燠。居官持法而情凉,居家义胜而恩薄。当事过激,涵养功疏。"可见他自责甚厉,丝毫不推托物外。此等境界,令人敬佩。他在《明史》中与海瑞等名臣同传,即可见后世对他的评价。

《呻吟语》共分礼、乐、射、御、书、数六卷,前三卷为内篇,后三卷为外篇,涉及宇宙、自然、人性、命运、修身、治学、品德、治道、人情、物理等多方面内容,旨在探讨人生哲理。该书体现了吕坤的社会政治思想、处世哲学，是一位儒者个体独特的对世情和人生的观察、思考、体会和表达，体现了修身、齐家、治国、平天下的抱负，充满智慧之光。其要言不烦、言简意赅的语录中，往往体现出人生的大智慧，在今天看来仍然具有非常积极的意义和价值。《呻吟语》一书包含有非常丰富的内容。以下仅举数端：

一、他坚持正宗的儒家理念，反对"儒者之末流与异端之末流"，坚持孟子的"求放心"（表述为"收放心"），以之区别于"禅定之学"。认为一个人是要自励的，应加强自己的涵养功夫，在自己的心上做功夫。主张对真理"道"的追求："人一生不闻道，真是可怜！"认为一个人只要立志发奋，便可进步，"能愧能奋，圣人可至"！

二、他认为民是国之根本，是国家赖以生存之基；君主应体察民众的冷暖疾苦，减轻民众负担。这种民本观点，为明代的思想史增添了光彩，也丰富了中国的民本思想。相应的，他认为在实践中，居官要恤民："居官有五要：休错问一件事，休屈打一个人，休妄费一分财，休轻劳一夫力，休苟取一文钱。""吃这一箸饭是何人种获底？穿这一匹帛是何人织染底？大厦高堂如何该我住居？安车驯马如何该我乘坐？获饱暖之体，思作者之劳；享尊荣之乐，思供者之苦。此士大夫日夜不可忘情者也。不然，其负斯世斯民多矣。"

三、在个人修为方面，他主张做人要光明博大、温煦和平。"凡人光明博大、浑厚含蓄是天地之气，温煦和平是阳春之气。"同时也要沉静。"静之一字，十二时离不了，一刻才离，便乱了。门尽日开阖，枢常静；妍媸尽日往来，镜常静；人尽日应酬，心常静。"同时，认为应严格控制自己的欲望："情欲不可使赢余，故其取数也常少，曰谨言，曰慎行，曰约己，曰清心，曰节饮食、寡嗜欲。"这都需要"得其正"。人要在"纲常大节"方面多努力，而不可在才能技艺上与人争胜。读书当能辨真假，切实践行。治学的目的就是要提升自己，"学问要诀只有八个字：涵养德性，变化气质。守住这个，再莫向迷津问渡"。

四、至于孝亲之道、闺门之范、亲友相处之道，作者认为都要尊崇传统法度。哪怕对待小人，也可以在无伤大雅的情况下假以辞色。这样在"养人体面之余，亦天地涵蓄之气也"。

作者在文中甚至例举了自己少年成长的经历教训和同事相与之间的悟得之语，娓娓道来。

《呻吟语》始撰于嘉靖四十一年（1562），初刊行于万历二十一年（1593），前后凡三十年。《呻吟语》的版本有些复杂。据其子吕知畏在吕坤去世前两年的万历四十四年(1616)为《呻吟语摘》所作的跋文中介绍,该书出版之后,其父仍在不停地补充、修订、改删,一直努力使之更加完善。"稿凡三易,并其续入者,仅余十之二三,题曰《呻吟语摘》",可见内容变化很大。

《呻吟语》分全本和节本两个系统。全本主要是明万历二十一年(1593)刊本,六卷,有吕坤的自作序言。此后衍化为多种刊本。节本主要有明人叶廷秀辑评本,一卷;清乾隆元年(1736)陈宏谋辑本四卷,《补遗》二卷;《呻吟语摘》二卷,《四库全书》收入"子部儒家类"。本稿的校理就是依据四库本的《呻吟语摘》,斟酌于原六卷本的分类。四库馆臣认为这个本子是吕坤"晚年定本也",并评论《呻吟语摘》:"大抵不佻语精微,而笃实以为本;不虚谈高远,而践履以为程。在明代,讲学诸家,似乎粗浅,然尺尺寸寸,务求规矩,而又不违戾于情理,视陆学末派之猖狂,朱学末派之迂僻,其得失则有间矣。"总之是肯定的。传至今日,《呻吟语》仍有其重要的文化价值。

李晓明

2023 年 8 月

目 录

原序 ………………………………………………… 1

内 篇

卷一 礼集 ……………………………………… 6
  性命 ……………………………………… 6
  存心 ……………………………………… 14
  伦理 ……………………………………… 37
  谈道 ……………………………………… 48

卷二 乐集 ……………………………………… 69
  修身 ……………………………………… 69
  问学 ……………………………………… 106

卷三 射集 ……………………………………… 124
  应务 ……………………………………… 124

外 篇

卷四　御集	168
世运	168
圣贤	172
品藻	180
卷五　书集	201
治道	201
卷六　数集	239
人情	239
物理	245
广喻	247
词章	278

原　序

　　呻吟,病声也。呻吟语,病时疾痛语也。病中疾痛,惟病者知,难与他人道,亦惟病时觉,既愈,旋①复忘也。

　　予②小子③生而昏弱善病,病时呻吟,辄④志⑤所苦以自恨⑥,曰:"慎疾,无复病。"已而⑦弗慎,又复病,辄又志之。盖世病备⑧经,不可胜⑨志。一病数经,竟不能惩。语曰"三折肱成良医",予乃九折臂⑩矣!沉痼年年,呻吟犹昨。嗟嗟!多病无完身,久病无完气。予奄奄视息⑪而人也哉!

　　三十年来,所志《呻吟语》,凡若干卷,携以自药。司农大夫刘景泽摄⑫心缮⑬性,平生无所呻吟,予甚爱之。顷⑭共事雁门⑮,各谈所苦。予出《呻吟语》视景泽,景泽曰:"吾亦有所呻吟,而未之志也。吾人之病大都相同,子既志之矣,盍⑯以公人?盖三益焉:医病者见子呻吟,起将死病;同病者见子呻吟,医各有病;未病者见子呻吟,谨未然病。是子以一身示惩于天下,而所寿者众也。即子不愈,能以愈人,不既多⑰乎?"予矍然⑱曰:"病语狂,又以其狂者惑人闻听,可乎?"因择其狂而未甚者存之。呜呼!使⑲予视息苟存,当求三年艾⑳,健此余生,何敢以沉痼自弃?景泽,景泽,其尚㉑医予也夫!

万历癸巳三月,抱独居士宁陵吕坤书。

〔注释〕

①旋:顷刻,不久。

②予:余,我。

③小子:对自己的谦称。

④辄(zhé):每,总是。

⑤志:记载。

⑥恨:后悔,遗憾。

⑦已而:不久。

⑧备:齐备,全。

⑨胜:副词,尽。

⑩三折肱(gōng)、九折臂:《左传·定公十三年》有"三折肱知为良医"之语,《楚辞·九章》有"九折臂而成医"之语。多次折断手臂就自然懂得医治的方法,比喻对某事经历多了,就会有经验。

⑪奄奄视息:奄奄一息,仅存视觉、气息。形容临近死亡,苟全性命。

⑫摄:收敛。

⑬缮:使完善,完备。

⑭顷:近来,往时。

⑮雁门:雁门关。

⑯盍(hé):副词,何不,为什么不。

⑰多:推重,赞扬。

⑱矍(jué)然:惊惶的样子。

⑲使:假使。

⑳三年艾:《孟子·离娄上》有"今之欲王者,犹七年之病求三年之艾也"之句,喻指良药。

㉑尚:差不多,大概。

〔译文〕

呻吟是指生病时发出的声音。呻吟语是指生病感到疼痛不适时说的话。生病时的疼痛不适,只有病人自己知道,很难与他人说得清楚,这种疼痛不适也只有生病时才能感知得到,一旦病愈,很快就又会忘记。

我生来身子虚弱,经常生病,每次生病呻吟的时候,我总是会记录自己经受的痛苦进而感到悔恨,自我劝勉说:"小心疾病啊,不要再生病。"可是没过多久就会大意,又再一次生病,就又一次记录病时境况。这世上的疾病，我基本全都经历过了，实在是记不过来了。有些病多次经历，都不能引以为戒。俗话说"久病成良医"啊，我这病了多少回了！年年都生病，因病痛而呻吟仿佛发生在昨天。唉！病的次数多了难免体弱，病的时间久了难免气虚。我这样奄奄一息的人啊！

　　三十年来，我记录《呻吟语》若干卷，携带着它权当自我医治的药物。司农大夫刘景泽是一个修身养性的人，平生没有什么病痛呻吟之语，我非常敬爱他。以往我们在雁门关共事的时候，各自谈论彼此的苦闷。我拿出《呻吟语》给他看，他说："我也有一些呻吟之语，只是没有记录下来罢了。我们的苦痛大体相同，你既然记录了，何不让大家看看？这样至少有三层益处：医病之人看到你的呻吟，可以医治那些病之将死的人；同病相怜之人看到你的呻吟，可以医治各自的病痛；没有病痛之人看到你的呻吟，可以谨慎预防未得之病。这是你以一己之身警示告诫天下人，可以让长寿安康的人更多。假使你不能病愈，却能使他人病愈，这不是该推崇赞扬的吗？"我惊惶地说："这些只是我的病中诳语，又用这些狂妄之言迷惑别人，可以吗？"由此特意筛选了那些不是特别狂妄的语言保存下来。呜呼！假使我一息尚存，定当求取良药以使余生安康，怎么敢以沉疴旧疾为由自我放弃？景泽啊，景泽啊，他差不多就是能够医治我的人吧！

　　万历癸巳三月，抱独居士宁陵吕坤书。

内篇

卷一　礼集

性　命

真机①、真味②要涵蓄③,休点破。其妙无穷,不可言喻,所以圣人无言。一犯口颊④,穷年⑤说不尽,又离披⑥浇漓⑦,无一些咀嚼处矣。

〔注释〕

①真机:玄妙之理,秘要。
②真味:真实的意旨或意味。
③涵蓄:意思含而不露、耐人寻味。
④口颊:借指言语。
⑤穷年:终其天年,毕生。
⑥离披:分散下垂貌,纷纷下落貌。
⑦浇漓:浮薄不厚,多指社会风气。或指文风浮艳不实。

〔译文〕

世间真切义理、真实意旨,要含而不露、耐人寻味,不要点破。其中的玄妙无穷无尽,用语言说不明白,所以圣人无言。一旦开始说,一辈子也说不完,况且还说得七零八落不符合实际,没有一点儿值得品味咀嚼之处了。

性分①不可使亏欠,故其取数也常多,曰穷②理,曰尽性③,曰达天④,曰入神⑤,曰致广大、极高明。情欲不可使赢余,故其取数也常少,曰谨言,曰慎行,曰约己,曰清心,曰节饮食、寡嗜欲。

〔注释〕

①性分(fèn):天性,本性。
②穷:穷尽。
③尽性:儒家认为不论人还是物均包含天理,只有至诚之人,才能发挥人和物的本性,使各得其所。《易·说卦》:"穷理尽性,以至于命。"
④达天:明了自然规律,乐天知命。
⑤入神:修养、技艺等达到神妙之境,最高境界。

〔译文〕

人的天性不该有所缺损,所以应该尽可能多地被选取,称之为"穷理""尽性""达天""入神""致广大""极高明"。人的情感欲望不该太过旺盛,所以应该尽可能少地被选取,称之为"谨言""慎行""约己""清心""节饮食""寡嗜欲"。

凡人光明博大、浑厚含蓄是天地之气;温煦和平是阳春之气;宽纵任①物是长夏之气;严凝敛约②、喜刑好杀是秋之气;沉藏固啬是冬之气。暴怒是震雷之气;狂肆是疾风之气;昏惑是霾雾之气;隐恨留连是积阴之气;从容温润是和风甘雨之气;聪明洞达③是青天朗月之气。有所钟④者,必有所似。

〔注释〕

①任:随便。
②严凝敛约:严厉冷酷。
③洞达:胸襟开阔磊落。
④钟:聚集,专注,引申为赋予。

〔译文〕

但凡人的气质光明博大、浑厚含蓄,这是被赋予了天地之气;气质温煦和平是被赋予了阳春之气;气质宽容纵情任性是被赋予了长夏之气;气质严肃冷酷,喜好刑罚杀戮是被赋予了秋日之气;气质深沉节俭是被赋予了冬日之气;气质易暴怒是被赋予了震雷之气;做事雷厉风行是被赋予了疾风之气;经常浑浑噩噩迷迷糊糊是被赋予了雾霾之气;容易心存怨恨不肯忘却是被赋予了积阴之气;气质从容温润是被赋予了和风甘雨之气;聪明磊落是被赋予了青天朗月之气。被赋予怎样的气息,必然有相似的气质。

兰①以火而香,亦以火而灭;膏②以火而明,亦以火而竭;炮以火而声,亦以火而泄;阴③者,所以存也;阳④者,所以亡也。岂独声色气味然哉?世知郁⑤者之为足,是谓万年之烛。

〔注释〕

①兰:木兰,一种香木。
②膏:油脂。古时候灯油多用油脂制成。
③阴:潜藏在内的。
④阳:显露在外的。
⑤郁:茂盛,蕴结。

〔译文〕

木兰因火烧而散发香气,也因火烧而消耗殆尽;灯油点火才得以照明,也因点火而燃尽;火炮因点火发出声响,也因点火而飞散泄漏;潜藏在内的能够保存;显露在外的容易消亡。难道只有声色气味是这样吗?世人都知道茂盛蕴结不生发就是充足,可称得上是万年之烛。

一则见性,两则生情。人未有偶而能静者,物未有偶而无声者。

〔译文〕

单一见本性,相遇产生情感。人类中没有二人相对还能安静的,事物中不会有两物相对还无声沉默的。

声无形色,寄之于器;火无体质,寄之于薪[1];色无着落,寄之草木。故五行惟火无体而用不穷。

〔注释〕

[1]薪:木柴,柴草。

〔译文〕

声音没有外形与颜色,依托于器物而存在;火没有实体与本质,依托于木柴存在;颜色无安置搁浅之处,依托于草木。所以五行之中只有火是没有本体作用却无穷无尽。

问:"禽兽草木亦有性否?"曰:"有。""其性亦天命否?"曰:"天以阴阳五行化生万物,安得非天命?"

〔译文〕

有人问:"禽兽草木也有本性吗?"我回答说:"有。"又问:"它们的本性也是上天注定的吗?"我说:"上天用阴阳五行变化生成万物,怎么能不是上天注定的呢?"

或问:"孔子教人,性非所先。"曰:"圣人开口处都是性。"夫水无渣,着①土便浊;火无气,着木便烟。性无二,着气质便杂。

〔注释〕

①着(zhuó):附着,接触。

〔译文〕

有人问:"孔子教育学生,本性从来不是最先考虑的。"我说:"孔圣人一开口说的都是本性。"水没有渣滓,接触到土就浑浊了;火没有气体,遇到木头就有烟气。本性并无其他,接触了外部气质就变得复杂了。

满方寸①浑②成一个德性,无分毫私欲,便是一心之仁。六尺③浑成一个冲和④,无分毫病痛,便是一身之仁。满六合⑤浑成一个身躯,无分毫间隔,便是合天下以成其仁。仁是全体,无毫发欠缺。仁是纯体,无纤芥瑕疵。仁是天成,无些子造作。众人⑥分一心为胡越⑦,圣人会⑧天下以成其身。愚尝谓:"两间⑨无物我⑩,万古一呼吸。"

〔注释〕

①方寸:心,脑海。

②浑:全,满。

③六尺:身躯,身体。

④冲和:真气,元气。

⑤六合:泛指天地或宇宙。

⑥众人:一般人。

⑦胡越:胡与越。形容疏远隔绝。比喻对立关系。

⑧会:会合,聚会。

⑨两间:天地间,人世间。

⑩物我:彼此,外物与己身。

[译文]

心中只有德行,没有分毫私欲,这样就是一心之仁。体内全是元气,没有丝毫病痛,这样就是一身之仁。天地宇宙全是整体,没有丝毫间隔,这样就是天下之仁。仁是完整的,没有丝毫欠缺。仁是纯粹的,没有丝毫瑕疵。仁是自然天成,没有丝毫矫揉造作。普通人一颗心都要分成两半,圣人聚合天下成就一身。我曾说过:"天地之间没有什么彼此之分,千秋万代也不过是呼吸之间。"

存　心

收放心①,休要如追放豚②,既入苙③了,便要使他从容闲畅,无拘迫懊恼④之状。若恨他难收,一向束缚在此,与放失同,何者?同归于无得也。故再放便奔逸不可收拾。君子之心,如习鹰驯雉,搏击飞腾,主人略不防闲⑤,及上臂归庭,却⑥恁⑦忘机⑧自得,略不惊畏。

[注释]

①放心:放纵之心。

②豚:小猪。

③苙(lì):畜栏。

④懊恼(náo):烦闷,懊恼。

⑤防闲:防,堤也,用于制水。闲,圈栏,用于制兽。引申为防备,禁阻。

⑥却:副词,表示强调。

⑦恁(rèn):如此。

⑧忘机:淡泊,与世无争。

〔译文〕

约束放纵之心,不要像追逐放出猪圈的小猪,它既然已经入栏了,就要让它在猪圈中感到从容闲畅,不要有拘束窘迫烦闷的状态。如果怨恨它难以控制,一直束缚在那里,会与放出去的箭追不回是一样的。为什么这么说呢?因为同样的结果都是无所得。收回但一直束缚着的再次放出时便会奔放纵逸无法控制。君子之心的修炼,就如同驯服雄鹰、雄鸡,当把它们放出去搏击腾飞的时候,主人一点儿也不防备、禁阻它们,等它们返回落到主人手臂上,却是如此淡然自得,一点儿也不惊恐畏惧。

心放不放,要在邪正上说,不在出入上说。且如高卧山林,游心廊庙①;身处衰世,梦想唐虞②。游子思亲,贞妇怀夫,这是个放心否?若不论邪正,只较出入,却是禅定之学。

〔注释〕

①廊庙:殿下屋和太庙,指朝廷。
②唐、虞:唐尧和虞舜。

〔译文〕

　　心放纵与否,要从心中是邪念还是正念上考量,不在其心究竟是向内还是向外。比如隐居山林,但心系庙堂;身处衰世,却思慕尧舜。游子在外想念家中双亲,贞妇在家怀念在外夫君,这样心向外算是放纵之心吗?如果不论正念还是邪念,只是计较内外,那就成佛门禅定了。

　　或问:"放心如何收?"余曰:"只君此问,便是收了。这放收甚容易,才昏昏①便出去,才惺惺②便在此。"

〔注释〕

　　①昏昏:神志昏沉。
　　②惺惺:清醒貌。

〔译文〕

　　有人问:"放纵的心念如何才能收回?"我说:"只要你这么问了,就是收回了。收心还是放心都挺容易的,稍稍迷糊就放纵了,稍稍警醒就收回了。"

无屋漏①工夫,做不得宇宙事业。

〔注释〕

①屋漏:古代室内西北角多设置一小帐,用来安藏神主。人所不容易看见的地方称为"屋漏"。泛指屋子的深暗之处。

〔译文〕

没有暗地里下的功夫,是做不成大事业的。

君子口中无惯语,存心故也。故曰:"修辞立其诚。"①不诚,何以修辞?

〔注释〕

①修辞立其诚:语出《易·乾》:"修辞立其诚,所以居业也。"本意为整顿文教,树立诚信。后多指撰文应表达出作者的真实意图。

〔译文〕

君子口中没有习以为常不过脑子的话,因为这些话都会在心里过一遍。所以说:"说话、写文章要表达出真实意图。"不真实,怎么说话、写文章?

"静"之一字,十二时离不了,一刻才离,便乱了。门尽日开阖,枢①常静;妍媸②尽日往来,镜常静;人尽日应酬,心常静。惟静也,故能张主③得动,若逐动而去,应事④定不分晓。便是睡时,此念不静,作个梦儿也胡乱。

〔注释〕

①枢:门轴,事物的中心或关键。
②妍媸(chī):美和丑。
③张主:做主,主张,发挥主体作用。
④应事:处理事务,应付人事。

〔译文〕

"静"这一个字,一整天十二个时辰都离不了,离开哪怕只一刻,就乱套了。门整天开开关关,门轴是静止没移位的;长相好看的和不好看的整日里都来来往往,镜子是静默不语的;人整日交际往来应付各种事务,心需要经常保持冷静的状态。只有冷静了,才能发挥主体作用,主张也得以实施,如果心追着事动,慌乱了,处理事情必定没法清楚明白。就算睡着的时候,如果心念不静,做个梦都是乱糟糟的。

把意念沉潜得下,何理不可得?把志气奋发得起,何事不可做?今之学者,将个浮躁心观理,将个委靡心临事,只模糊过了一生。

[译文]

把意念沉潜下来,什么道理悟不到?把志气奋发起来,什么事情做不成?如今的学者,用浮躁的心态思考道理,用萎靡不振的心态面对事情,就这么糊里糊涂过了一辈子。

心平气和,此四字非涵养不能做,工夫只在个定火。火定则百物兼照①,万事得理。水明而火昏。静属水,动属火,故病人火动则躁扰②狂越③。及其苏定,浑不能记。苏定者,水澄清而火熄也。故人非火不生,非火不死;事非火不济,非火不败。惟君子善处火,故身安而德滋。

〔注释〕

①照:查看。
②躁扰:没有规则地乱动。
③狂越:狂妄逾分。

〔译文〕

"心平气和"这四个字,没有涵养的人是做不到的。想要做到的话,五行之中,功夫只要下在定"火"上即可。"火"定了,那么所有东西都能被看见,所有事情都可以依理处理。"水"是明亮的,"火"是昏暗的。静属"水",动属"火",所以病人一旦"火"不定就会莫名乱动,狂妄不讲规矩。等到病人苏醒并镇定下来,完全不会记得自己做过什么。苏醒并镇定下来的那些病人,就是"水"得以澄清,同时"火"熄灭了。所以人无"火"没法出生,无"火"也不会死亡;事无"火"不会成功,无"火"也不会失败。只有君子善于处理"火",才能身体安康德行滋长。

未有甘心快意①而不殃身者。惟理义之悦我心,却步步是安乐境。

〔注释〕

①甘心快意:恣意所欲,逞一时痛快。

〔译文〕

没有逞一时痛快而不殃及自身的。只有通过真理真意愉悦本心,才能每一步都是安心快乐的境地。

自家好处掩藏几分,这是涵蓄以养深。别人不好处要掩藏几分,这是浑厚以养大。

〔译文〕

自己的好处掩藏住一些,这是涵养,也训练自己更加深沉。别人不好的地方要掩藏着一些,这是浑厚,也使得自己更加宽广。

胸中情景要看得:春不是繁华,夏不是发畅①,秋不是寥落,冬不是枯槁,方为我境。

〔注释〕

①发畅:畅快地萌发。

〔译文〕

心中情景要看成:春天不是繁华,夏天不是发畅,秋天不是寥落,冬天不是枯槁,这才是真我的境地。

目不容一尘,齿不容一芥,非我固有也。如何灵台①内许多荆榛却自容得?

〔注释〕

①灵台:心。

〔译文〕

眼中容不下一粒灰尘,牙缝容不下一点儿菜渣,因为灰尘和菜渣不是眼睛和牙齿中本来就有的。为什么心里有那么多杂念就能容得下呢?

"忍""激"二字是祸福关。

〔译文〕

忍耐还是激动,这是祸福的关键。

学者只多欣喜心,便不是凝道之器。

〔译文〕

学者如果只顾扬扬自得地欢喜,便不再是能够凝聚道德素养有大修行的人才了。

只脱尽轻薄心,便可达天德。汉唐以下儒者,脱尽此二字不多人。

〔译文〕

只要摒弃轻薄怠慢之心,就可以达到最高道德。汉唐以后的儒家学者,摒弃轻薄心的人不多。

恶恶太严,便是一恶;乐善甚亟①,便是一善。

〔注释〕

①亟(jí):副词,急迫,急忙。

〔译文〕

过分厌恶恶的东西,也是一种恶的表现;非常喜欢善的东西,也是一种善的表现。

投佳果于便溺,濯而献之,食乎?曰不食。不见而食之,病乎?曰不病。隔山而指骂之,闻乎?曰不闻。对面而指骂之,怒乎?曰怒。此见闻障也。夫能使见而食,闻而不怒,虽入黑海蹈白刃可也。此炼心者之所当知也。

[译文]

把好果子投到屎尿中,再洗干净了献给别人吃,吃吗?回答是"不吃"。如果此前的情景没看到,然后把果子吃了,会不舒服吗?回答是"不会不舒服"。隔着山骂别人,别人能听到吗?回答是"听不到"。当着面骂别人,别人会生气吗?回答是"会生气"。这就是所见和所闻给人们感知事物带来的阻滞。如果能够做到看到了果子被投入过屎尿、洗干净后还能吃掉,听到别人骂自己而不生气,这样的人千难万险都能抵挡。这一点,修炼心性的人应当知道。

属纩[1]之时,般般都带不得,惟是带得此心。却教坏了,是空身归去矣,可为万古一恨。

〔注释〕

①属纩(kuàng):把新丝绵放置在临终者鼻子下面,观察其是否断气。代指临终。

〔译文〕

人去世的时候什么都带不走,只带走本心。若在世时心教坏了,去世时就空空一个身躯离开了,这可算是最大的遗恨之事。

暮夜无知①,此四字百恶之总根也。人之罪莫大于欺,欺者,利其无知也。大奸大盗皆自无知之心充之天下。大恶只有二种:欺无知,不畏有知。欺无知,还是有所忌惮心,此是诚伪关。不畏有知,是个无所忌惮心,此是死生关。犹知有畏,良心尚未死也。

〔注释〕

①暮夜无知:黑夜无人知晓。

〔译文〕

　　"暮夜无知",这四个字是所有恶的根源。人最大的罪恶就是欺瞒,欺瞒别人的人,就是利用了别人不知道这一点。大奸大恶的人充斥天下都是因为他们觉得别人不会知道。大恶有两种:一种是欺负别人不知道,一种是哪怕别人知道了也不害怕。欺负别人不知道的,心中多少还有所忌惮,这就是诚实和虚伪的较量。别人知道了也完全不怕的,那就是心中完全无所忌惮,这就是生与死的较量了。如果内心还有所忌惮,说明良心还没有彻底泯灭。

　　只大公了,便是包涵天下气象。

〔译文〕

　　只要天下为公,便是包涵天下的气象。

　　古人也算一个人,我辈成底是甚么人?若不愧不奋,便是无志。

〔译文〕

　　古人也是人,我辈成为的是什么人呢?如果不羞愧不奋斗,就是没有志向。

　　圣狂之分,只在苟不苟两字。

〔译文〕

　　圣人与狂人的区分,就在于苟且还是不苟且。

　　恕心养到极处,只看得世间人都无罪过。

〔译文〕

　　宽恕他人之心修炼到极致的时候,看到世上的人都只会觉得没有罪过。

　　说不得真知明见,一些涵养不到,发出来便是本象,仓卒之际,自然掩护不得。

〔译文〕

　　不要自以为有真知高见,只要有一点儿涵养不到,表现出来的便是自己的本来面目,仓促之际,自然难以掩饰。

忧世者与忘世者谈,忘世者笑;忘世者与忧世者谈,忧世者悲。嗟夫!六合①骨肉之泪,肯向一室胡越②人哭哉!彼且谓我为病狂,而又安能自知其丧心哉!

〔注释〕

①六合:天下,世间。
②胡越:比喻疏远隔绝。

〔译文〕

忧世人与忘世人谈自己对世间的忧患,忘世人笑话他;忘世人与忧世人谈自己对世间的无所谓,忧世人觉得他很悲哀。啊,世间骨肉至亲的眼泪,怎么肯向虽然同处一室但心却彼此背离的人去流呢!他们说我是病了癫狂了,他们又岂能知道其实是自己没了良心!

"得"之一字,最坏此心。不但鄙夫①患得,年老戒得为不可。只明其道而计功,有事而正心,先事而动得心,先难而动获心,便是杂霸②杂夷。一念不极其纯,万善不造其极,此作圣者之大戒也。

〔注释〕

①鄙夫:庸俗浅陋的人。
②杂霸:用王道掺杂霸道来治理国家,不纯正。

〔译文〕

"得"这个字,最能损坏人心。不但浅薄之人看重得失,患得患失,年长的人戒除得失心都很难。做事如果只是明白其中道理就计较得失,一有事先要摆正心态,做事前就先动了得失心,面对困难先计较是否有所收获,这就是心思不纯正。心思不能高度纯正,做事就不可能达到极致的好,想要成为圣人的话,这是大戒。

充一个公己公人心,便是胡越一家。任一个自私自利心,便是父子仇雠。天下兴亡,国家治乱,万姓死生,只争这个些子。

〔译文〕

如果拥有一颗公平对待自己、公平对待他人的心,天下就是一家。如果只是一颗自私自利的心,父子就是仇人。天下兴亡,国家治乱,百姓生死,在意的都只是这个。

为人辨冤白谤是第一天理。

〔译文〕

为他人辨清冤屈洗清诽谤是天下最紧要的道理。

沉静,非缄默之谓也,意渊涵①而态闲正,此谓真沉静。虽终日言语,或千军万马中相攻击,或稠人②广众中应繁剧③,不害其为沉静,神定故也。一有飞扬动扰之意,虽端坐终日,寂无一语,而色貌自浮。或意虽不飞扬动扰,而昏昏欲睡,皆不得谓沉静。真沉静底,自是惺憽④,包一段全副精神在里。

〔注释〕

①渊涵:包容,深涵。

②稠人:众人。
③繁剧:事务繁重之极。
④惺憁(còng):形容警觉。

〔译文〕

　　沉静不是缄默,心意包容深广但行为表现悠闲雅正,这才是真的沉静。这样的人虽然整天不停说话,或者是在千军万马中互相攻击,或者是在众多人群中应付繁重事务,也不妨害他的沉静,因为他心神是定的。一旦心思飞扬动摇受干扰了,哪怕整日端坐在那里,一句话也不说,神色自然也是浮动不定的。或者心意虽然没有晃动受干扰,但昏昏欲睡,都不能称得上沉静。真正沉静的人,自是警觉的,心里是精气神充沛的。

　　室中之斗,市上之争,彼所据各有一方也。一方之见,皆是己非人,而济①之以不相下②之气,故宁死而不平。呜呼！此犹愚人也。贤臣之争政,贤士之争理亦然。此言语之所以日多,而后来者益莫知所决择③也。故为下愚④人作法吏⑤易,为士君子所折衷⑥难。非断之难,而服之难也。根本处在不见心而任口,耻屈人而好胜,是室人⑦市儿⑧之见也。

[注释]

①济:增益。
②相下:互相谦让。
③决择:抉择,选择。决,通"抉"。
④下愚:极愚蠢的人。此处与后面"士君子"相对,指普通人。
⑤法吏:古代司法官吏。
⑥折衷:亦作"折中"。进行调和,取正。用为判断事物的准则。
⑦室人:妻妾。泛指家中人。
⑧市儿:市井好利之徒。

[译文]

不论是内部争斗还是外部争斗,双方都各执一词。每一方的见解,都认为自己对别人错,加上不愿谦让的气势,所以宁死也不愿意平息争斗。唉,这就是愚蠢的人啊!贤臣之间的政见之争,贤士之间的义理之争也是如此。这就是大家各自说的理由与日俱增,而后来的人不知道怎么选择的原因。所以为普通人评判是非对错比较容易,为士人君子公正判断事物就难。不是评判难,而是让对方心服口服难。这个难处的根源在于看不到他们内心所想,只能听凭他们口中说,他们又都争强好胜,以输人一等为羞耻,这是一般妇女和市井之徒的见识。

知识,帝则①之贼也。惟忘知识以任帝则,此谓天真,此谓自然。一着念便乖违②,愈着念愈乖违。乍见之心歇息一刻,别是一个光景。

〔注释〕

①帝则:天制订的法则,天理,自然规律。
②乖违:违背,背离。

〔译文〕

知识,是天理的危害。只有忘却知识,任凭天理发生作用,这才是天真,这才是自然。一旦刻意就会背离,越刻意越背离。突然看见时的心绪,休息片刻,就是另一番景象。

或问"虚灵"二字如何分别?曰惟虚故灵。顽金无声,铸为钟磬则有声;钟磬有声,实之以物则无声。圣心无所不有而一无所有,故感而遂通天下之故①。

〔注释〕

①故:事。

〔译文〕

有人问"虚""灵"二字有何区别?我回答说只有"虚"才会"灵"。实心金属是没有声音的,锻造成钟磬就会有声音;钟磬有声音,用物品将它填充成实心就没声音了。圣人之心什么都有又什么都没有,所以才能感知进而通达天下事。

学者不在自家心上做工夫,只在人心做工夫便错。此心常要适,虽是忧勤①惕励中②,困穷抑郁际,也要有这般胸次③。

〔注释〕

①忧勤:为事而忧虑辛劳。
②惕励:警惕谨慎,警惕激励。

③胸次:胸怀。

〔译文〕

做学问的人如果不在自己身心修养上下功夫,只是在别人修养上下功夫就是错的。自己的身心要常葆平和,即使在忧勤惕励之中和困窘抑郁之际,也要具有这样的胸怀。

不怕来浓艳,只怕去沾恋。

〔译文〕

不怕浓艳的东西靠近,只怕这些东西离去时因沾染了而恋恋不舍。

原不萌芽,说甚生机!

〔译文〕

原本就不会萌芽,还谈什么生机呢!

不存心①看不出自家不是,只于动静语默、

接物应事时,件件想一想便见浑身都是过失。须动合天则②,然后为是。日用间如何疏忽得一时?学者思之。

〔注释〕

①存心:特意,用心注意。
②天则:天道,自然。

〔译文〕

不是用心关注一般看不出自己不好的地方,只是在言谈举止、接人待物的时候,桩桩件件想一想就觉得自己到处都做得不对。行动必须要符合天道自然,才能是对的。日常生活中怎么可以有哪怕一时半刻的轻率随意呢?学者要思考这个问题。

心相信,则迹者土苴①也,何烦语言?相疑,则迹者媒孽②也,益生猜贰。故有誓心③不足自明,避嫌反成自诬者,相疑之故也。是故心一而迹万,故君子治心不修迹。《中孚》④治心之至也,豚鱼且信,何疑之有?

〔注释〕

①土苴(chá):渣滓,糟粕。比喻微贱的东西。
②媒孽(niè):酒曲。比喻借故构陷,诬陷使人获罪。
③誓心:心中发誓,立定心愿。
④中孚:指诚信。《易·中孚》:"中孚,豚鱼吉,利涉大川,利贞。"

〔译文〕

只要内心彼此信任,哪怕行迹卑贱不当,何须劳烦语言说明?若内心互相猜疑,那么行迹就会成为构陷他人的媒介,使人更加心生猜疑与二心。所以心中发誓这种行为不足以证明自己,本来是避嫌的行为反倒成了自欺的表现,这就是互相猜疑的缘故。所以哪怕心意唯一而表现出来的迹象也会是千变万化的,因此君子重视修心而不是修炼行为。《中孚》是讲修心至内心诚信讲得最彻底的,小猪、小鱼之类尚且能修心至内诚,还有什么可疑惑的呢?

伦 理

爵禄恩宠,圣人未尝不以为荣,圣人非以此

为加损也。朝廷重之以示劝,而我轻之以示高,是与君忤也,是穷君鼓舞天下之权也。故圣人虽不以爵禄恩宠为荣,而未尝不荣之,以重帝王之权,以示天下帝王之权之可重,此臣道也。

〔译文〕

爵禄恩宠,圣人不是不以为荣,圣人是不认为这些对自己有增益或损害。朝廷重视这些是用来显示对臣子的劝勉,若我不在意这些,用来显示自己的高洁,这是与君主的意志相违背的,是在削减君主鼓舞天下人的权力。所以圣人虽然不认为这些爵禄恩宠对自己有所增益,但仍会以得到这些为一种荣耀,用以显示重视帝王权威,用以告知天下人帝王权威需要被重视,这是做臣子的准则。

孝子之事亲也,上焉者先意,其次承志,其次共命①。共命,则亲有未言之志,不得承也;承志,则亲有未萌之意,不得将也;至于先意,而悦亲之道至矣。或曰:"安得许多心思能推至此乎?"曰:"事亲者,以悦亲为事者也。以悦亲为事,则孳孳②皇皇无以尚之者,只是这个念头。亲有多少意志,终日体认不得?"

〔注释〕

①共命:敬从命令。共,通"恭"。
②孳孳(zī):勤勉,努力不懈。

〔译文〕

儿女孝顺父母,最好的一种是能够预判父母的心意,其次是能迎合父母的心意,再次是恭敬地听从父母心意。所谓恭敬地听从,就是父母没说出口的心意就不会去做;所谓迎合,就是父母还没有萌生的心意就不会预测;至于预判父母的心意,这是令父母高兴的最好办法了。有人问说:"怎么可能有这么多心思来推算父母心意到这个地步呢?"我反问说:"侍奉双亲,就是要让父母高兴。让父母高兴,就努力不懈追求,只有这个念头,再无其他。父母能有多少心意,让你整日体察认识不到呢!"

门户可以托父兄,而丧德辱名,非父兄所能庇;生育可以由父母,而求疾蹈险,非父母所得由。为人子弟者,不可不知。

[译文]

光耀门楣的任务可以托付给父亲和兄长,但德行丧失、名声败坏,就不是父亲和兄长可以庇护得了了。出生和抚育可以由父母承担,但生病遇险就不是父母造成的了。为人子,为人弟,不能不知道这些。

继母之虐,嫡妻之妒,古今以为恨者也。而前子不孝,丈夫不端,则舍然不问焉,世情之偏也久矣。怀非母之迹而因似生嫌,借憸父之名而无端造谤,怨讟①忤逆,父亦被诬者,世岂无耶?恣淫狎之性而恩重绿丝②,挟城社之威③而侮及黄里④,《谷风》《柏舟》⑤妻亦失所者,世岂无耶?惟子孝夫端,然后继母嫡妻无辞于姻族矣。居官不可不知。

[注释]

①怨讟(dú):怨言。
②绿丝:年轻女子的青发。代指年轻女子。

③挟城社之威:依仗邦国的权势。比喻以势为奸。

④黄里:代指嫡妻。出自《诗经·邶风·绿衣》。

⑤《谷风》《柏舟》:均为《诗经·邶风》的篇名,讥刺夫妇失道。

〔译文〕

继母虐待后夫子女,正妻嫉妒婢妾,古往今来都认为是可恨的事。但前夫的子女不孝,丈夫的品行不端,则很少有人过问,世上人情的偏袒看来也很久了。前夫之子认为后母不是自己的生母,因而与后母之间心生嫌隙,依仗着父亲的名义无端地造谣诽谤,口出怨言,行为忤逆,连及父亲也受到诬蔑,难道世上还少吗?而有的丈夫淫狎成性,喜新厌旧,宠爱那些年轻美貌的女子,依仗自己一家之主的权势而侮辱嫡妻。《诗经》中《谷风》《柏舟》篇中描写的妻子就是失去丈夫欢心的人,这样的事情难道世上没有吗?只有子女孝顺,父亲行为端正,继母和嫡妻在诸亲朋好友面前才没有什么可说的了。为官者不可不知道这一点。

闺门①之中,少了个礼字,便自天翻地覆。百祸千殃,身亡家破,皆从此起。

〔注释〕

①闺门:内室的门。借指家庭,也指妇女居所。

〔译文〕

家人之间若是不讲礼仪,就会天翻地覆。许多灾祸,家破身亡的事,都是从缺少"礼"字开始。

责人到闭口卷舌①、面赤背汗时,犹刺刺②不已,岂不快心?然浅隘刻薄甚矣!故君子攻人不尽其过,须含蓄以余人之愧惧,令其自新,方有趣味,是谓以善养人。

〔注释〕

①闭口卷舌:不说话。
②刺刺:多言,絮絮叨叨。

〔译文〕

责备别人到对方已经不说话、面红耳赤汗流浃背的时候,还絮絮叨叨说个不停,岂不痛快?但这样太肤浅、狭隘、刻薄了！所以君子责备别人的时候不该尽数对方的过失，应该含蓄表达让对方有可以羞愧惶恐的余地，让他可以改过自新，这样才有意思。用善意令人变得更好，称之为"以善养人"。

恩礼出于人情之自然，不可强致。然礼系体面，犹可责人；恩出于根心，反以责而失之矣。故恩薄可结之使厚，恩离可结之使固。一相责望，为怨滋深。古父子、兄弟、夫妇之间，使骨肉为寇仇，皆坐①"责"之一字耳。

〔注释〕

①坐：因为，由于。

〔译文〕

恩情礼仪出自人情感的自然流露，不能强求。然而礼仪关系着体面，若礼仪不周还可以责备别人，但恩情出自本心，若觉得恩情不够去责备别人，这个恩情反而没有了。所以恩情稀薄可以多多结交使之深厚，恩情背离可以多多结交使之牢固。一旦相互之间责备抱怨，怨气就会滋生并日益深重。古时候父子、兄弟、夫妇之间，使得骨肉亲人成为仇人的,都是"责"这个字导致的。

宋儒云:"宗法①明而家道②正。"岂惟家道?将天下之治乱,恒必由之。宇宙内无有一物不相贯属③、不相统摄④者。人以一身统四肢,一肢统五指;木以株⑤统干,以干统枝,以枝统叶;百谷以茎统穗,以穗统稃,以稃统粒。盖同根一脉,联属成体。此操一举万之术,而治天下之要道也。天子统六卿⑥,六卿统九牧⑦,九牧统郡邑⑧,郡邑统乡正⑨,乡正统宗子⑩。事则以次责成,恩则以次流布,教则以次传宣,法则以次绳督。夫然后上不劳,下不乱,而政易行。自宗法废而人各为身、家各为政,彼此如飘絮飞沙,不相维系,是以上劳而无要领可持,下散而无脉络相贯,奸盗易生而难知,教化易格⑪而难达。故宗法立而百善兴,宗法废而万事弛。或曰:"宗子而贱、而弱、而幼、而不肖⑫,何以统宗?"曰:"古之宗法也,如封建⑬,世世以嫡长。嫡长不得其人⑭,则一宗受其敝。且豪强得以豚鼠视宗子而鱼肉孤弱。其谁制之?盖有宗子又当立家长,宗子以世世长子孙为之,家长以阖族之有德望而众所推服能佐宗子者为之,胥⑮重其权而互救其失。此二者,宗人一委听焉,则有司⑯有所责成⑰,而纪法易于修举矣。"

[注释]

①宗法:古代以家族为中心,按血缘、嫡庶来组织、统治社会的法则。
②家道:家庭赖以成立与维持的规则和道理。
③贯属:连贯。
④统摄:统辖,管理,辖制。
⑤株:树根,树桩。
⑥六卿:上古天子有六军,六军的主将称六卿。泛指古代中央六官。
⑦九牧:九州之长。泛指地方长官。
⑧郡邑:府县。
⑨乡正:乡大夫。隋唐五百户为乡,设乡正一人。
⑩宗子:族长,嫡长子。
⑪格:木栅栏,引申为阻隔。
⑫不肖:不成材。
⑬封建:封邦建国。
⑭得其人:得到德才兼备之人,用人得当。

⑮胥:皆,都。
⑯有司:官吏。
⑰责成:指令专人或机构完成任务。

[译文]

宋儒说:"宗法明而家道正。"岂止是家道,天下究竟是治理得当还是混乱,也是由宗法明与不明来决定的。天底下没有事物是不相互联系相互制约的。人凭借躯干统辖四肢,肢体统辖五指;树木凭借树根统管树干,用树干统管树枝,用树枝统管树叶;谷物以茎统穗,以穗统稃,以稃统粒。这些都是同一根源,一脉相承,彼此联系成为一个整体。这种牵一发而动全身的方法是治理天下最重要的法则。天子统管六官,中央六官统管九州地方长官,地方长官统管府县官员,府县官员统辖乡正,乡正统辖族长。事情按顺序去办理,恩赏按顺序去分发,教化按顺序去宣扬,法规按顺序去监督。这样一来,上级不用劳碌,下级不会混乱,而政令很容易推行。自从宗法废弛,人人各自为政,彼此之间如同飘絮飞沙,相互之间都没什么联系,所以上级忙忙碌碌也没有要领可以依循,下级彼此散乱也没有什么联系,奸邪盗贼容易滋生但难以察觉,教化容易被阻挡难以通畅传达。所以宗法立才能百善兴旺,宗法废弛只能万事衰败。有人说:"嫡长子卑贱弱小年幼不成材,如何来管理一个宗族?"我说:"古时候的宗法,比如封建制,世世代代以嫡长子为尊。若嫡长子不合适,整个宗族都受他影响。况且若豪强将嫡长子看作小猪、小老鼠,恃强凌弱,这种行为有谁制止他们呢?所以一族当中既要有嫡长子也要拥立一位族长,嫡长子是世世代代长子长孙担任,族长由全族人员推选出来的德高望重、大家都信服的,能够辅佐嫡长子的人担任。这二人都有权力,彼此能够补救对方的过失。宗族的人听从这二人管理,那么官吏有什么任务都很容易完成,纲纪法规也容易推行。"

"母氏圣善,我无令人。"①孝子不可不知。"臣罪当诛兮,天王圣明。"忠臣不可不知。

〔注释〕

①母氏圣善,我无令人:出自《诗经·邶风·凯风》。母亲明理有美德,我不成器难回报。圣善,明理有美德。令,善、好。

〔译文〕

"母亲明理有美德,我不成器难以回报。"孝子不能

内 篇 | 47

不知道这句话。"我的罪过本该被诛杀,是君王圣明(没有杀我)。"忠臣不能不知道这句话。

谈　道

庙堂①之乐,淡之至也,淡则无欲,无欲之道与神明通;素之至也,素则无文,无文之妙与本始②通。

〔注释〕

①庙堂:太庙的殿堂。也指朝廷。
②本始:原始,本初。

〔译文〕

太庙上演奏的音乐,要清淡到极致,清淡就无欲,无欲的状态与神明相通;要素雅到极致,素雅就没什么修饰,无修饰的美妙与道之本初相通。

至道①之妙,不可意思②,如何可言?可以言,皆道之浅也。玄之又玄,犹龙③公亦说不破,盖公亦囿④于玄玄之中耳。要说说个甚然,却只在匹夫匹妇共知共行之中,外了这个便是虚无。

〔注释〕

①至道:精深微妙的道理。最高最好的学说、准则等。
②意思:迹象。
③犹龙:老子。
④囿:拘泥,局限。

〔译文〕

最好最精深的道理的妙处,没有迹象,变幻莫测,怎么能用言语说得清楚?可以说得清的都是浅显的道理。道的高深奇妙连老子都说不清楚,因为老子也拘泥于这种玄妙之中。要想说个清楚明白,也只能在普通人的一般行为中说个一二三,除此之外就是虚无。

除了个"中"字,更定道统①不得。傍流之至圣,不如正路之贤人。故道统宁中,绝不以傍流继嗣。何者?气脉不同也。予尝曰:"宁为道统家奴婢,不为傍流家宗子。"

〔注释〕

①道统：宋明理学家称儒家学术思想传授的系统。

〔译文〕

除了"中"字，别的无法确定儒家学术思想流变的脉络。旁枝思想的至圣之人，不如正统思想的贤人。所以学术流变宁愿取中，绝对不会以旁枝思想继承。为什么呢？它的中心思想与正统儒家思想中贯穿的主旨不同。我曾经说过："宁愿做正统儒家思想家中的奴婢，也不做旁枝思想家中的嫡长子。"

"中"之一字，是无天于上，无地于下，无东西南北于四方。此是南面①独尊，道中底天子。仁、义、礼、智、信都是东西侍立，百行②万善都是北面③受成④者也。不意宇宙间有此一妙字，有了这一个，别个都可勾销。五常⑤、百行、万善，但少了这个，都是一家货，更成甚么道理？

〔注释〕

①南面：古代以坐北向南为尊位。借指居于帝王位。

②百行:各种品行。

③北面:臣子拜见君主时是面向北面。借指臣服于人。

④受成:听受出师成功的禀告,旧时军制中的一种礼仪。引申为办事全依主管者的计划而行,不自作主张。

⑤五常:仁、义、礼、智、信。

〔译文〕

"中"这个字,其上无天,其下无地,四周没有东、西、南、北。它处于道统中最尊贵的位置,是道中的天子。仁、义、礼、智、信都是分立东、西两边侍候它的,百行完善也都是面向它聆听教诲的。没想到宇宙天地间有"中"这样玄妙的一个字,有了它,其他的都可以不在意了。什么五常、百行、万善,一旦没有了"中"字,便都成了一样的东西,还成什么道理?

愚不肖者不能任道①,亦不能贼道②,贼道全是贤智。后世无识之人,不察道之本然面目,示天下以大中至正之矩,而但以贤智者为标的。世间有了贤智,便看底中道寻常,无以过人,不起名誉,遂薄中道而不为。道之坏也,不独贤智者之罪,而推崇贤智,其罪亦不小矣。《中庸》为贤智而作也,"中"足矣,又下个"庸"字,旨深哉!此难与曲局③之士道。

〔注释〕

①任道:可肩负重任的仁人志士。
②贼道:损害仁义之道。
③曲局:卷曲,枉邪不正。此处应该指见识浅薄的人。

〔译文〕

愚钝不成材的人无法肩负传道重任,也没能力损害儒家道统,能够损害道统的都是贤人智士。后世没有见识的人,无法考察道的最本质面貌,用"大中至正"的标准将道展示给天下人,这只是以贤人智士自己的认知为标准。世间自从有了他们,就将"中"看作稀松平常,认为"中"没有什么过人之处,也对抬高名誉没什么帮助,于是轻视"中"且不作为。道统的损害,不单单是这些人的罪过,推崇看重贤人智士的人罪过也不小。《中庸》就是为这些贤人智士写的,一个"中"字足够了,又多一个"庸"字,意义太深了。这之中的道理很难和见识浅薄的人说清楚。

道者，天下古今共公之理，人人都有分底。道不自私，圣人不私道，而儒者每私之，曰圣人之道。言必循经，事必稽古，曰卫道。嗟夫！此千古之大防①也，谁敢决之？然道无津涯②，非圣人之言所能限；事有时势，非圣人之制所能尽。后世苟有明者出，发圣人所未发，而默契圣人欲言之心；为圣人所未为，而吻合圣人必为之事，此固圣人之深幸，而拘儒③之所大骇也。呜呼！此可与通者道。汉唐以来，鲜④若人矣。

〔注释〕

　　①大防：大堤。指重要的、原则性的界限。
　　②津涯：岸，水边。指范围，边际。
　　③拘儒：固执守旧、目光短浅的儒生。
　　④鲜(xiǎn)：少，尽。

〔译文〕

　　道，是古往今来天下人共同拥有的公理，人人都有份儿。道不自私，圣人不会将道据为己有，但是一些儒学家每每将道私有化，说是某某圣人之道。说话必定遵

内篇 | 53

循经典，做事必定考察古事，美其名曰捍卫道统。唉！这是千百年来形成的界限啊，谁敢去打破它？然而道是无边无际的，不是圣人的话就能将其限制的；事情会随着时间、态势的变化而变化，也不是圣人的制度就能将其穷尽的。后世如果有明白的人出现，说了圣人没说的话，恰好契合了圣人想说此话的心；做了圣人没做的事，与圣人会做的事相吻合，这固然是圣人的大幸，但也是令腐儒大为震惊的。唉！这个道理是可以和通晓事理的人说的，可惜汉唐以来，这样的人太少了。

《易》道浑身都是，满眼都是，盈六合①都是。三百八十四爻，圣人特拈起三百八十四事来做题目。使千圣作《易》，人人另有三百八十四说，都外不了那阴阳道理。后之学者求易②于《易》，穿凿附会③以求通。不知《易》是个活的，学者看作死的。《易》是个无方体的，学者看作有定象的。故论简要，《乾》《坤》二卦已多了。论穷尽，虽万卷书说不尽。《易》的道理，何止三百八十四爻！

〔注释〕

①六合:天地间,人世间。
②易:交换,交易,变化。
③穿凿附会:生拉硬扯,牵强解释。

〔译文〕

《易》中涉及的道,人人身上都有,眼中都是,整个宇宙天地间充盈的全都是。三百八十四爻,是圣人特地挑拣了三百八十四件事情来做题目。假使让其他千名圣人来撰写《易》,人人会有另外的三百八十四种说法,也都不外乎是那些阴阳道理。后世学者从《易》中寻找变化,生拉硬扯想要解释得通。不知道《易》是活的,学习的人把它看成是死的。《易》原本没有形体,学习者把它看作有固定形态的。如果要论简明扼要,《乾》《坤》两卦已经多了。要论道理讲得穷尽,哪怕是万卷书也说不完。《易》中的道理,何止三百八十四爻啊!

五色①胜则相掩,然必厚益之,犹不能浑然无迹,惟黑一染,不可辨矣。故黑者,万事之府也,敛藏之道也。帝王之道黑,故能容保无疆;

圣人之心黑,故能容会万理。盖含英采、韬精明、养元气、蓄天机,皆黑之道也,故曰"惟玄惟默",玄,黑色也。默,黑象也。《书》称舜曰"玄德升闻",《老子》曰"知其白,守其黑",得黑之精者也。故外著而不可掩,皆道之浅者也。虽然,儒道内黑而外白,黑为体,白为用;老氏内白而外黑,白安身,黑善世。

〔注释〕

①五色:青、赤、白、黑、黄。

〔译文〕

五色都很抢眼就会互相掩盖,然而就算涂得多厚重,仍然无法浑然天成不留痕迹地遮盖,只有黑色一旦沾染,原本的颜色就无法辨认了。所以黑色是万事万物汇聚之地,敛藏之处。君主治理国家时"黑",所以能够容纳并把持国土无疆;圣人心胸"黑",所以能将天下道理融会贯通。包含精华、隐藏精明、涵养元气、蓄藏天机,这些都是"黑"的特征,所以说"惟玄惟默",玄是指黑的颜色,默是指黑的形态。《尚书》中称赞舜的时候说"玄德升闻",《老子》中说"知其白,守其黑",这些都是领悟到了"黑"之精华的人。所以外在看着明显到无法遮掩的,都是领悟还很浅显的人。虽然如此,儒家讲究的是内黑外白,黑为本体,白为表现;道家是内白外黑,白用来修身,黑用来治世。

道在天地间,不限于取数之多,心力勤者得多,心力衰者得少,昏弱者一无所得。假使天下皆圣人,道亦足以供其求。苟皆为盗跖①,道之本体自在也,分毫无损。毕竟是世有圣人,道斯有主。道附圣人,道斯有用。

〔注释〕

①盗跖(zhí):相传是古时民众起义的领袖,盗是当时统治者对他的贬称。后成为盗贼或盗魁的代称。

〔译文〕

道存在于天地间,人们拿取多少没有限制,心力勤的人得到的多,心力衰的人得到的少,昏弱的人一无所得。如果天下都是圣人,道也能满足大家的需求。如果天下都是盗贼,道的本体自身也能存在,不会丝毫受损。

毕竟世间先有了圣人,道才有了主人。道依附于圣人,道才产生作用。

或问:"中之道,尧、舜传心,必有至玄至妙之理。"余叹曰:"只就我两人眼前说,这饮酒,不为限量,不至过醉,这就是饮酒之中;这说话,不缄默,不狂诞,这就是说话之中;这作揖跪拜,不烦①不疏,不疾不徐,这就是作揖跪拜之中。一事得中,就是一事的尧、舜。推之万事皆然。又到那安行处,便是十全的尧、舜。"

〔注释〕

①烦:烦杂,烦乱。

〔译文〕

有人问:"'中'的道理,尧、舜等人心传神授,内里必定有非常玄妙的道理吧。"我感叹道:"就拿你我二人眼前事说,饮酒这件事,不限制量,也不醉过头,这就是饮酒的'中'道;说话这件事,不沉默无语,也不狂妄胡说,这就是说话的'中'道;作揖跪拜这件事,既不要杂乱也不要稀少,既不要快也不要慢,这就是作揖跪拜的'中'道。一件事情上做到'中',在这件事上你就是尧、舜一样的圣人。推论至万事万物都是如此。等又到了安然行事的程度,就是十全十美的尧、舜一般的人物了。"

形神一息①不相离,道器一息不相无,故道无精粗,言精粗者,妄也。因与一客共酌,指案上罗列者谓之曰:"这安排必有停妥②处,是天然自有底道理。那僮仆见一豆③上案,将满案樽俎④东移西动,莫知措手。那熟底入眼便有定位,未来便有安排。新者近前,旧者退后,饮食居左,匙箸居右,重积不相掩,参错不相乱,布置得宜,楚楚齐齐。这个是粗底,若说神化性命,不在此却在何处?若说这里有神化性命,这个工夫还欠缺否?推之耕耘簸扬之夫,炊爨烹调之妇,莫不有神化性命之理,都能到神化性命之极。学者把神化性命看得太玄,把日用事物看得太粗,原不曾理会。理会得来,这案上罗列得,天下古今万事万物都在这里,横竖推行、扑头盖面、脚踏身坐底都是神化性命,乃知神化性命极粗浅底。"

〔注释〕

①一息:一呼一吸,比喻极短的时间。
②停妥:停当妥帖。
③豆:古代一种盛食物的器皿,形似高脚盘。
④樽俎(zǔ):古代盛酒食的器皿。樽盛酒,俎盛肉。

〔译文〕

形与神一瞬都不能相离,道与器一瞬都不能分开,所以道是没有精致和粗鄙之分的,说道有精粗之分的,都是狂妄之言。我正和一位朋友宴饮的时候,我指着几案上罗列的东西对他说:"这样的安排必定有它妥帖之处,是有其天然的道理在的。那位仆人看到一盘食物上来,就将满几案的杯盘胡乱移动,不知所措。熟悉餐桌礼仪的人一看食物就知道它们大概应摆放的位置,食物还没上桌,他们就会把位置先安排好。新上的食物放在客人近前的位置,旧的食物挪到后面,饮食放在左边,筷子勺子放在右边,菜品重叠摆放不相互遮掩,错落有致不混乱,布置得宜,整整齐齐。这讲的虽然只是食物餐具摆放之类的粗活,但若说起神化性命不在这里,又会在哪里呢?如果说这粗浅功夫中有神化性命,其中是否还有什么欠缺?由此推及耕耘的农夫、烹饪的农妇,没有什么是无神化性命的,桩桩件件都有。学者把神化性命看得太玄,把寻常生活中的点滴看得太粗浅,根本都没有理会。若理会了,这几案上罗列的,天下古今万事万物都囊括了,随处可见的都是神化性命,由此可知神化性命就是很浅显易懂的。"

静中看天地万物,都无些子。

〔译文〕

静中看天地万物,什么都没有。

儒者之末流与异端之末流何异?似不可以相诮①也。故明于医,可以攻病人之标本;精于儒,可以中邪说之膏肓②。辟邪不得其情,则邪愈肆;攻病不对其症,则病愈剧。何者?授之以话柄而借之以反攻,自救之策也。

〔注释〕

①诮(qiào):责备呵斥,嘲讽。
②膏肓(huāng):比喻难以救药的失误或缺点。

〔译文〕

儒家学者中的末流与其他思想学说的末流有什么差异呢?似乎不可以相互责备、嘲讽。所以医术高明的人可以直接治疗病人病灶的根本,精通儒家学说的人可以直接点明异端邪说最致命的缺陷。攻击邪说不合其情理,那么邪说就会更加肆虐;治病不对症,病情会更加严重。为什么呢?授人以话柄而对方借助此得以反攻,这是对方的自救策略。

七情①总是个欲,只得其正了,都是天理;五性②总是个仁,只不仁了,都是人欲。

〔注释〕

①七情:喜、怒、忧、思、悲、恐、惊。
②五性:仁、义、礼、智、信。

〔译文〕

七情说的都是个"欲",只要这欲望是正当的,就都是天理;五性说的都是个"仁",只要不符合"仁"了,就都是人欲。

庄、列见得道理原着不得人为,故一向不尽人事。不知一任自然,成甚世界?圣人明知自然,却把自然阁起,只说个当然,听那个自然。

〔译文〕

庄子、列子所讲的道理原本都是让人不要有所作为,所以一向不在人力能左右的事情上尽力。不知道这样一味任凭自然发展,会成为什么样的世界?圣人明知自然的存在,却不讲自然,只说应当怎样,然后再听其自然。

气盛便不见涵养。浩然之气虽充塞天地间,其实本体间定冉冉口鼻中,不足以呼吸。

〔译文〕

　　气盛就看不见涵养。浩然之气虽说是充塞于天地间,但其实在人的本体中它必定会冉冉升起至口鼻中,不足以呼吸。

　　以吾身为内,则吾身之外皆外物也,故富贵利达,可生可荣,苟非道焉,而君子不居;以吾心为内,则吾身亦外物也,故贫贱忧戚,可辱可杀,苟道焉,而君子不辞。

〔译文〕

　　以我的身体作为内部,那么我的身体以外的东西就都是外物,因此富有、贵气、利益、显达,可生可荣的高度,如果这些不符合道,那么君子不会在意;以我的心作为内部,那么我的身体也是外物,因此一旦贫穷、低贱、忧伤、哀戚,可辱可杀的状况,如果这些符合道,那么君子也不会推辞。

　　满腔子是恻隐之心,满六合是运恻隐之心

处。君子于六合飞潜动植、纤细毫末之物,见其得所,则油然而喜,与自家得所一般;见其失所,则闵然而戚,与自家失所一般。位育念头,如何一刻放得下!

〔译文〕

满心都是恻隐之心,全天下都是运用恻隐之心的地方。世间天上飞的、水里游的、动物、植物,极其微小的事物,不论什么,君子见它们得到适宜处所就会很开心,仿佛自己得到适宜处所一般;见它们失去了适宜的场所,就怜悯悲戚,仿佛自己失去适宜场所一般。希望世间万物都能安得其所,这样的念头哪里能有一刻放得下!

人一生不闻道,真是可怜!

〔译文〕

人若一辈子都没有习得道理,真是很可怜!

天德只是个无我,王道只是个爱人。

〔译文〕

天德只是讲究个无我，王道只是讲究个爱人。

凡动天感物，皆纯气也。至刚至柔，与中和之气皆有所感动，纯故也。十分纯里才有一毫杂，便不能感动。无论嘉气戾气，只纯了，其应便捷于影响。

〔译文〕

但凡能够感动天地万物的，都是至纯之气。这种气至刚至柔，与中和之气都能感动万物，是因为它们至纯的缘故。若是至纯当中有哪怕一丝一毫的杂质，就不能感动万物了。气无论是好的还是坏的，只要至纯，它的影响都是很迅速的。

万事万物有分别，圣人之心无分别，因而付之耳。譬之日因万物以为影，水因万川以顺流，而日水原无两，未尝不分别，而非以我分别之也。以我分别，自是分别不得。

〔译文〕

万事万物之间有分别,圣人的心没有分别,因此将天下付与圣人。比如太阳照耀万物形成影子,水汇入千万大川形成河流,太阳和水原本没什么两样,有分别,也不是以它们自身来做的区分。若以自身来区分,就分别不出什么了。

下学学个甚么?上达达个甚么?下学者,学其所达也;上达者,达其所学也。

〔译文〕

向下学学什么呢?向上通达达什么呢?向下学,就是学各种通达的道理;向上通达,就是将所学的道理通达致用。

六经言道而不辨,辨自孟子始;汉儒解经而不论,论自宋儒始;宋儒尊理而不僭[①],僭自世儒始。

〔注释〕

①僭(jiàn)：超越本分。

〔译文〕

六经讲道理却不辩论道理，辩论从孟子开始；汉儒解释经典却不论述，论述从宋儒开始；宋儒尊崇道理不僭越，僭越从当世的儒者开始。

知彼知我，不独是兵法，处人处事一些少不得底。

〔译文〕

不单单只是兵法讲究知己知彼，做人做事也是要讲究这个的。

卷二　乐集

修　身

六合是我底六合,那个是人？我是六合底我,那个是我？

〔译文〕

这天地间是我的天地间,哪个是别人的？我是天地间的我,哪个是我？

作人怕似渴睡汉,才唤醒时睁眼若有知,旋复沉困,竟是寐中人。须如朝兴栉①盥②之后,神爽气清,泠泠③劲劲,方是真醒。

〔注释〕

①栉(zhì):梳理头发。
②盥(guàn):洗手。

③泠泠(líng):清凉。一作"冷冷"。

〔译文〕

做人最怕像是个瞌睡虫,刚刚被叫醒的时候睁开眼好像有所察觉,很快就又陷入昏昏沉沉的困意中,竟然还是个睡梦中没醒的人。需要一大早梳理洗漱后,神清气爽,冷静有干劲,才是真的醒了。

广所依不如择所依,择所依不如无所依。无所依者,依天也。依天者,有独知之契,虽独立宇宙之内而不谓孤。众倾之、众毁之而不为动,此之谓男子。

〔译文〕

广撒网地依靠外物不如有选择的依靠,有选择的依靠不如无所依靠。无所依靠的人自然会依靠天地立身。立于天地间的人有独立见识,虽然单独立于宇宙间,但并不叫孤独。众人倾慕,众人诋毁,他都不为所动,这称得上大丈夫。

小屈以求大伸,圣贤不为。吾道必大行①之

日然后见,便是抱关击柝②,自有不可枉之道。松柏生来便直,士君子穷居便正。若曰在下位遇难事,姑韬光忍耻,以图他日贵达之时,然后直躬行道,此不但出处为两截人,即既仕之后,又为两截人矣。又安知大任到手不放过耶!

〔注释〕

①大行:广为推行,普遍流行。
②抱关击柝(tuò):守门打更的小吏。比喻职位卑下。

〔译文〕

忍受小的屈辱或在小事上让步以求大的伸展抱负,圣贤之人不会这样做。我推崇的道理必定在普遍流行之后能被看见,哪怕我职位低微,也有不愿屈服的道理。松柏生来就是挺直的,士人君子穷困时也是正直的。如果说地位低下时遇到了难事,就姑且韬光养晦,忍辱负重,以求他日显贵发达的时候直起身子行正道,这样不仅出世入世是截然不同的两种人,即使入仕途后也会成为两副面孔的人。又怎么能知道在担当大任的时候不这样呢!

内篇 | 71

才能技艺让他占个高名,莫与角胜。至于纲常大节①,则定要自家努力,不可退居人后。

〔注释〕

①大节:基本的法纪、纲纪。

〔译文〕

才能技艺什么的就让别人占个上风,不要与别人争胜。至于纲常法纪,就一定要自己努力,不能退居人后。

人不难于违众,而难于违己。能违己矣,违众何难?

〔译文〕

人违背众人意愿做事并不难,难的是违背自己的意愿。若能够违背自己,违背众人又有何难?

学欲博,技欲工①,难说不是一长。总较作人,只是够了便止。学如班马,字如钟王,文如曹刘,诗如李杜,铮铮千古知名,只是个小艺习,所贵在作人好。

〔注释〕

①工:精巧,擅长。

〔译文〕

学问想要广博,技艺想要超群,很难说不是一个长处。但是总体和做人相比较,学问和技艺只要够了就好。学问如班固、司马迁,书法如钟繇(yáo)、王羲之,文章如曹植、刘桢,诗歌如李白、杜甫,这些人千古闻名,但都只是小技艺,它们受人推崇是因为做人好。

士君子之偶聚也,不言身心性命,则言天下国家;不言物理①人情,则言风俗世道;不规②目前过失,则问平生德业。傍花随柳③之间,吟风弄月④之际,都无鄙俗媒嫚⑤之谈,谓此心不可一时流于邪僻,此身不可一日令之偷惰也。若一相逢,不是亵狎⑥,便是乱讲,此与仆隶下人何异?只多了这衣冠耳。

〔注释〕

①物理:事理,事物的道理、规律。
②规:谋划,规劝。
③傍花随柳:形容春游快乐。
④吟风弄月:形容心情闲适洒脱。
⑤媟(xiè)嫚:轻慢,不庄重,亵渎。
⑥亵(xiè)狎(xiá):轻浮,不庄重。

〔译文〕

士君子偶尔聚会,不谈论身心性命的话,就会谈天下国家之事;不谈事理人情的话,就会谈风俗世道;不规劝眼前过失的话,就会询问平生德行功业。就算是玩乐嬉戏的时候,都没有鄙俗轻慢的谈话,说的是心一时一刻都不能流于邪僻,身体不能有一日的偷懒懈怠。如果一见面,不是轻浮,就是乱讲话,这和奴仆、下人有什么不同? 只是多穿了这一套衣冠罢了。

往见泰山乔岳①,以立身四语,甚爱之,疑有未尽,因推广为男儿八景,云:泰山乔岳之身,海阔天空之腹,和风甘雨之色,日照月临之目,旋乾转坤之手,盘石砥柱之足,临深履薄之心,玉洁冰清之骨。此八景,予甚愧之,当与同志者竭力从事焉。

〔注释〕

①乔岳:高山。本指泰山,后成泛称。

〔译文〕

以往见到泰山,写了立身四语,非常喜欢,觉得有未说尽之处,于是就将其扩展到男儿八景,分别是:如泰山般高大的身躯,海天般广阔的心胸,微风细雨般平和的容貌,日月照临般光彩的双目,旋转乾坤般的双手,磐石砥柱般坚定的双足,如临深渊般谨慎的内心,玉洁冰清一样的骨气。这八景,我很羞愧,应当与志同道合的人尽力遵照从事。

少年只要想我见在①干些甚么事,到头成个甚么人,这便有多少恨心,多少愧汗,如何放得自家过?

〔注释〕

①见在:现时,现在。

〔译文〕

年轻人只要想一想自己现在在做些什么事,到头来成为什么人,这样就会有很多悔恨、羞愧、汗颜,如何还能放得过自己呢?

有象而无体者,画人也,欲为而不能为;有体而无用者,塑人也,清净尊严,享牺牲①香火,而一无所为;有运动而无知觉者,偶人也,待提掇②指使而后为。此三人者,身无血气,心无灵明,吾无责矣。

〔注释〕

①牺牲:供祭祀、盟誓用的牲畜祭品。
②提掇(duō):提拉。

〔译文〕

有形象但是却没有身体的人,是画上的人,想做什么却做不了;有身体但是却无法动的人,是泥塑的人,清净尊严,享受供品香火,但却什么都做不了;能运动但是却没有知觉的人,是木偶人,等待别人提拉指使后才能行动。这三种人,躯体无血气,内心无灵魂,我对他们没要求。

两柔无声,合也;一柔无声,受也。两刚必碎,激也;一刚必损,积也。故《易》取一刚一柔,是谓平中,以成天下之务,以和一身之德,君子尚之。

〔译文〕

两者都柔和无声,就会融合;一方柔和无声,就会接受。双方都很刚硬的话必定破碎,因为都很激烈;一方刚硬的话必定有损伤,这是积累的缘故。所以《易》选取一刚一柔称之为平中,用以成就天下的事务,成就一身的德行,所以君子崇尚平中。

士君子作人不长进,只是不用心,不着力。其所以不用心、不着力者,只是不愧不奋。能愧能奋,圣人可至。

〔译文〕

　　士君子做人不长进,是因为不用心,不用力。他们之所以不用心,不用力,只是因为他们没有羞愧,不会奋发。一旦能够感到羞愧,能够奋发图强,圣人的境界也可以达到。

　　有道之言,将之心悟;有德之言,得定躬行。有道之言弘畅,有德之言亲切。有道之言如游万货之肆,有德之言如发万货之商。有道者不容不言,有德者无俟于言,虽然,未尝不言也。故曰:有德者必有言。

〔译文〕

　　有道理的言论,是用心体悟到的;有德行的言论,是亲身实践得到的。有道理的言论弘畅,有德行的言论亲切。有道理的言论就如同在摆满货品的商店中游览,有德行的言论如同批发千万货品的商人。所以有道的人必须用语言去推销自己的道理,有德的人不必要去说什么,尽管如此,他们未尝不曾说什么。所以说"有德者必有言"。

或问:"不怨不尤了,恐于事天处人上更要留心不?"曰:"这天人两项,千头万绪,如何照管得来?有个简便之法,只在自家身上做,一念、一言、一事都点检得没我分毫不是,那祸福毁誉都不须理会。我无求祸之道而祸来,自有天耽错;我无致毁之道而毁来,自有人耽错,与我全不干涉。若福与誉是我应得底,我不加喜;是我悻得底,我且惶惧愧赧。况天也有力量不能底,人也有知识不到底,也要体悉①他。却有一件紧要,生怕我不能格天动物。这个稍有欠缺,自怨自尤且不暇,又那顾得别个。孔子说个上不怨、下不尤,是不愿乎其外道理;孟子说个仰不愧、俯不怍,是素位而行②道理。此二意常相须③。"

〔注释〕

①体悉:体恤。
②素位而行:安于现在所处的地位,并努力做好应当做的事情。

③相须:相互依存,相互配合。

〔译文〕

有人问:"不怨天尤人的话,恐怕在处理与天、人相关的事情上要更留心吗?"我说:"天和人这两件事,千头万绪,哪里顾得过来?有个简便的方法,只在自己身上做,一个念头、一言一行都反省到自己没有丝毫不是,到这个程度,那么祸福毁誉都不须去理会。我并没有主动寻求祸事而祸事自来,自有天来承担这个错误;我没有主动招致诋毁而诋毁自来,自有他人承担错误,和我完全不相关。如果福气和荣誉本就是我应得的,我不会更加欣喜;如果是我侥幸得到的,我会惶恐羞愧。何况上天也有力所不能及的,他人也有知识达不到的,都要体恤他们。但有一件事很要紧,我怕我不能通达天地万物。这个若是稍有欠缺,自怨自艾(yì)尚且自顾不暇,哪里还顾得上别的事情。孔子说的'上不怨天、下不尤人',是不愿做事情都找外部原因;孟子说的'仰不愧于天、俯不怍天人',是说要安于目前所身处的位置并努力做好自己应当做的事情。这两个意思相互依存、相互配合。"

奋始怠终,修业之贼也;缓前急后,应事之贼也;躁心浮气,畜德之贼也;疾言厉色,处众之贼也。

〔译文〕

以奋发开始,以懈怠结尾,这是妨碍建功立业的危害;做事前缓后急,这是妨碍顺利处理事情的危害;心浮气躁,这是妨碍品德培育的危害;疾言厉色,这是妨碍与大家相处的危害。

名心①盛者必作伪。

〔注释〕

①名心:求功名的心。

〔译文〕

功名心重的人必定会作伪。

恭、敬、谦、谨,此四字有心之善也;狎、侮、傲、凌,此四字有心之恶也,人所易知也。至于怠、忽、惰、慢,此四字乃无心之失耳,而丹书之戒,怠胜敬者凶,论治忽①者,至分存亡。《大学》以傲惰同论,曾子以暴慢连语者,何哉?盖天下之祸患皆起于四字,一身之罪过皆生于四字。怠则一切苟且,忽则一切昏忘,惰则一切疏懒,慢则一切延迟,以之应事则万事皆废,以之接人则众心皆离。古人临民②如驭朽索,使人如承大祭,况接平交③以上者乎?古人处事不泄④迩⑤,不忘远,况目前之亲切重大者乎?故曰无众寡,无大小,无敢慢,此九字即毋不敬。毋不敬三字,非但圣狂之分,存亡治乱、死生祸福之关也,必然不易之理也。沉心精应者,始真知之。

[注释]

①治忽:治理与忽乱。
②临民:治民。
③平交:平辈交往。
④泄:轻慢,亵渎。
⑤迩:近。

〔译文〕

　　恭、敬、谦、谨,这四个字是有心主观的善。狎、侮、傲、凌,这四个字是有心故意的恶,人们很容易知道。至于怠、忽、惰、慢,这四个字表现的是无心过失,而丹书告诫的懈怠胜过敬畏就很凶险这一点,若论治理得当还是混乱,这是区分存亡的关键。《大学》中将傲慢与懒惰相提并论,曾子将暴力与怠慢同等看待,为什么呢?因为天下的祸患都起于这四个字,个人的罪过也都产生于这四个字。懈怠了一切就都得过且过,不放在心上的话一切就会糊涂健忘,懒惰的话一切就都会松懈,怠慢的话一切就都拖延,以"怠""忽""惰""慢"四个字来处理事情的话,万事都会荒废,以这四个字为标准来待人的话大家都会远离。古人治理百姓就像驾驭缰绳腐朽的马车一样小心翼翼,用人就像承接盛大祭典一样,更何况是面对比自己地位高的人呢?古人处事原则既不怠慢近处的,也不会忽略远处的,况且是目前与自己关系最紧密的大事呢?所以说"无众寡、无大小、无敢慢",这九个字就是"毋不敬"的意思。"毋不敬"这三个字不仅是圣人和狂人的区别,也是存亡治乱、死生祸福的关键,是不会改变的道理。沉静下来用心认真应对的人才会真正领悟。

贫不足羞,可羞是贫而无志;贱不足恶,可恶是贱而无能;老不足叹,可叹是老而虚生;死不足悲,可悲是死而无闻。

〔译文〕

贫困不足以令人羞愧,让人羞愧的是贫困而无志向;卑贱不足以令人心生厌恶,让人厌恶的是卑贱而无能;衰老不足以令人慨叹,让人感叹的是衰老而虚度人生;死亡不足以令人悲伤,让人感到可悲的是死后默默无闻。

时时体悉人情,念念持循天理。

〔译文〕

时时刻刻要能够体恤人情,心心念念要坚持遵循天理。

礼义之大防,坏于众人一念之苟[①]。譬如由径②之人，只为一时倦行几步，便平地踏破一条蹊径，后来人跟寻旧迹，踵成不可塞③之大道。是以君子当众人所惊之事略不动容，才干碍礼义上些须，便愕然变色，若触大刑宪然，惧大防之不可溃，而微端之不可开也。嗟夫！此众人之所谓迂而不以为重轻者也。此开天下不可塞之衅④者，自苟且之人始也。

〔注释〕

①苟：苟且，随便、敷衍、马虎了事。
②由径：从小路走。
③塞：弥补、补救。
④衅：缝隙、裂痕、破绽。

〔译文〕

礼义的堤坝，摧毁于众人一念的苟且敷衍。比如走小路的人，就因为一时疲倦想少走几步路，就在平地上踏出一条小路，后来的人跟着以往踩出的痕迹走，小路逐渐就被踩成了不可弥补回去的大道。所以君子在面对大家都惊讶的事情时应该毫不动容，而要看到稍有碍于礼义的事情就愕然失色，仿佛触犯了重大刑法，这是因为君子应该知道一些重大防线不可被突破,因此哪怕是很细微的口子都不能开。唉!这就是众人认为的迂腐、无足轻重。天下出现无法弥补的裂痕的,就是从那些敷衍了事之人开始的。

有德之容深沉凝重,内充然有余,外阒①然无迹。若面目都是精神②,即不出诸口,而漏泄已多矣,毕竟是养得浮浅。譬之无量人,一杯酒便达于面目。

〔注释〕

①阒(qù):寂静。
②精神:人的意识。

〔译文〕

有德行的人的容貌是深沉凝重的,内心充盈有余,但外表看上去寂然毫无痕迹。如果外在面目看着都是内心一览无余的反映,即使不说出口,内心早已泄露无遗,毕竟是修养德行还只是流于表面的人。就好像没什么酒量的人喝一杯就上头脸红一样。

权贵之门虽系通家①知己,也须见面稀,行踪少就好。尝爱唐诗有"终日帝城里,不识五侯门"②之句,可为新进③之法。

〔注释〕

①通家:世交。
②终日帝城里,不识五侯门:语出唐代张继《感怀》,一直住在京城里,但却不晓得王公贵族们家住哪里。以表示心志高洁,不慕权贵。
③新进:初入仕途,新得科第或新被任用。

〔译文〕

家世显贵的人虽然是世家交好的知己,也需要少见面,少交往的好。我曾经喜欢的一句唐诗"终日帝城里,不识五侯门",可以作为新入仕途之人的行事法则。

仁厚刻薄是修短①关,行止语默是祸福关,勤惰俭奢是成败关,饮食男女是死生关。

〔注释〕

①修短:长短,指人的寿命。

〔译文〕

　　仁厚还是刻薄是生命长短的关键；动或定、说话或沉默是祸福的关键；勤劳或懒惰、节俭或奢靡是成败的关键；吃喝等本能需要是生死的关键。

　　世有十态，君子免焉：无武人之态——粗豪，无妇人之态——柔懦，无儿女之态——娇稚，无市井之态——贪鄙，无俗子之态——庸陋，无荡子之态——儇佻①，无伶优之态——滑稽，无闾阎②之态——村野，无堂下③人之态——局迫，无婢子之态——卑诌，无侦谍之态——诡暗，无商贾之态——炫售。

〔注释〕

①儇（xuān）佻（tiāo）：轻浮，轻佻。
②闾（lǘ）阎：里巷内外的门。泛指民间、平民。
③堂下：殿堂下的人。借指侍从。

〔译文〕

　　世上有十种情态是身为君子需要避免的：不要有武

人的粗豪之态,不要有妇人的柔懦之态,不要有小儿女的娇稚之态,不要有市井之徒的贪鄙之态,不要有世俗人的庸陋之态,不要有浪荡子的轻佻之态,不要有戏子的左右逢源圆滑之态,不要有平民的村野之态,不要有堂下人的局限窘迫之态,不要有奴婢的卑谄之态,不要有间谍细作的诡暗之态,不要有商贾(gǔ)之人的炫售之态。

不善之名每成于一事,后有诸长不能掩也,而惟一不善传。君子之动,可不慎与?

〔译文〕

不好的名声每每是由一件事造成的,后来哪怕再有诸多长处也无法掩盖,只有这个不好的名声会流传开。君子的举动,能不谨慎吗?

先王之礼文①用以饰情②,后世之礼文用以饰伪。饰情则三千三百虽至繁也,不害其为率真;饰伪则虽一揖一拜,已自多矣。后之恶饰伪者,乃一切苟简③决裂,以溃天下之防,而自谓之率真,将流于伯子之简而不可行,又礼之贼也。

〔注释〕

①礼文:礼乐仪制。
②饰情:掩饰、约束情感。
③苟简:草率而简略。

〔译文〕

先王的礼乐仪制是用来克制地表达情感,后世的礼乐仪制是用来掩饰虚情假意。克制地表达情感就是成百上千的条款虽然烦琐,也不妨碍其率真的本质。掩饰虚情假意的话则是哪怕只是一个作揖一个拜礼也已经多余了。后来厌恶虚情假意的人将一切都草率地简化了,和一切礼乐仪制割裂,使得原本天下正当的礼乐仪制标准溃败,还自认为是率真的表现,使礼乐仪制流于伯子那样的简是不可行的,对礼乐仪制是有害的。

余待小人不能假辞色,小人或不能堪。年友①王道源危之曰:"今世居官切宜戒此。法度是朝廷的,财货是百姓的,真借不得人情。至于辞色,却是我的,假借些儿何害?"余深感之,因识②而改焉。

〔注释〕

①年友:同年科举登榜的人。
②识:加上标记,记住。

〔译文〕

　　我对待小人不能假装好的言辞和神色,小人有时可能无法承受。同年好友王道源提醒我说:"如今当官切切不要这样做。法度是朝廷的,财货是百姓的,这些真的借不得人情。至于言辞和神色,却是自己的,假装一下有什么危害呢?"我对此深有感触,因此记录下来并改正自己的做法。

　　一友与人争而历指其短。予曰:"于十分中,君有一分不是否?"友曰:"我难说没一二分。"予曰:"且将这一二分都没了才好责人。"

〔译文〕

　　一个朋友与别人争论,进而把对方的短处数了个遍。我说:"在十分之中,你是否有哪怕一分做得不对的吗?"朋友说:"很难说我没有一二分不是之处。"我说:"这一二分不是之处都没有了才好去责备别人。"

士大夫殃及子孙者有十:一曰优免①太侈;二曰侵夺太多;三曰请托②灭公;四曰恃势凌人;五曰困累乡党;六曰要结权贵,损国病人;七曰盗上剥下,以实私橐;八曰簧鼓邪说,摇乱国是;九曰树党报复,阴中善人;十曰引用③邪昵,虐民病国。

〔注释〕

①优免:准予豁免租赋、力役等,以表示优待。
②请托:以私事相嘱托,请门路,通关节。
③引用:引荐任用。

〔译文〕

士大夫会祸及后世子孙的情况大概有以下十种:一是免除租役太多;二是侵夺太多;三是请门路托关节有损公事;四是仗势欺人、恃强凌弱;五是连累同乡;六是巴结权贵,损害国家和人民的利益,七是窃取国家利益、盘剥百姓中饱私囊;八是鼓吹异端邪说动摇国本;九是结党报复暗害好人;十是引荐任用奸邪小人危害百姓和国家。

智者不与命斗，不与法斗，不与理斗，不与势斗。

〔译文〕

有智慧的人不与命斗，不与法斗，不与理斗，不与势斗。

入庙不期敬而自敬，入朝不期肃而自肃，是以君子慎所入也。见严师则收敛，见狎友则放恣，是以君子慎所接也。

〔译文〕

进入庙宇不想着敬畏但自然就会起敬畏心，进入朝堂不想着严肃但自然就会严肃起来，所以君子会慎重选择进入的场所。遇见严厉的师长就会收敛颜色，遇见亲昵的朋友就会随意放纵，所以君子会慎重选择交往的对象。

涵养①如培脆萌,省察如搜田蠹,克治②如去盘根。涵养如女子坐幽闺,省察如逻卒缉奸细,克治如将军战勍③敌。涵养用"勿忘勿助"工夫,省察用"无怠无荒"工夫,克治用"是绝是忽"工夫。

〔注释〕

①涵养:修身养性。
②克治:克制私欲邪念。
③勍(qíng):强。

〔译文〕

修身养性就如同培养刚萌发的嫩芽,内省自查就如同在田间搜索蠹虫,克制私欲邪念就如同铲除盘根错节的根株。修身养性如同女子静坐在幽静深闺,内省自查如同巡逻的士卒缉拿奸细,克制私欲邪念如同将军对战强敌。修身养性要用"勿忘勿助"的功夫,内省自查要用"无怠无荒"的功夫,克制私欲邪念要用"是绝是忽"的功夫。

恣纵既成,不惟礼法所不能制,虽自家悔恨

亦制自家不得。善爱人者,无使恣纵;善自爱者,亦无使恣纵。

〔译文〕

恣意放纵成了习惯,不只礼法控制不住,哪怕自己感到悔恨也控制不住自己。善于爱护别人的人,不要使得别人恣意放纵;善于自爱的人,也不要使得自己恣意放纵。

士君子澡心浴德,要使咳唾为玉,便溺皆香,才见工夫圆满。若灵台中有一点污浊,便如瓜蒂藜芦入胃,不呕吐尽不止,岂可使一刻容留此中耶?夫如是,然后溷厕①可沉,缁泥②可入。

〔注释〕

①溷(hùn)厕:厕所。
②缁泥:黑色泥土,比喻世俗污垢。

〔译文〕

士君子修心养德,要达到咳唾为玉、便溺皆香的程度,那才算是功夫圆满了。如果内心有一点儿的污浊,就好像胃里吃进了瓜蒂藜芦,不吐干净不停,怎么可能会容忍其在胃中停留哪怕一刻呢?达到这种程度,污秽之所就能够自由进出了。

猥繁拂逆生厌恶心,奋宁耐①之力;柔艳芳浓生沾惹心,奋跳脱之力;推挽冲突生随逐心,奋执持之力;长途末路生衰歇心,奋鼓舞之力;急遽疲劳生苟且心,奋敬慎之力。

〔注释〕

①宁耐:忍耐。

〔译文〕

面对很多烦琐、不符合自己心意的事情会产生厌恶心,要发扬忍耐之力;面对柔艳芳浓的事情会产生沾惹心,要发扬跳脱之力;遇到推挽冲突的事情会产生随波逐流的心思,要发扬执着持续之力;遇到穷途末路会产生衰竭心,要发扬鼓舞之力;遇到急剧令自己疲劳的事情会产生苟且马虎之心,要发扬敬畏谨慎之力。

无以小事动声色，亵大人①之体。

〔注释〕

①大人：德行高尚、志趣高远的人。

〔译文〕

不要因为小事就慌乱，以免有损德行高尚之人的外在。

其恶恶不严者，必有恶于己者也；其好善不亟者，必无善于己者也。仁人之好善也，不啻①口出，其恶恶也，迸诸四夷不与同中国。孟子曰："无羞恶之心，非人也。"则恶恶亦君子所不免者。但恐为己私作恶，在他人非可恶耳。若民之所恶而不恶，谓为民之父母可乎？

〔注释〕

①啻（chì）：只。

〔译文〕

对他人的恶行并不深恶痛绝的人，自身必定有属于自己的恶行；对他人的善行并不欣喜的人，自身必定没有属于自己的善行。仁者喜欢善行，不仅仅是嘴上说说，他对恶行深恶痛绝，恨不得把恶行甩到蛮夷之地，不让其与自己同在一处。孟子说："没有对恶行感到羞愧的心，不配为人。"厌恶恶行也是君子所无法避免的。只是唯恐君子是为了自己的私利才厌恶恶行，在他人看来并不厌恶。如果百姓所厌恶的而你不厌恶，还怎么能称得上是百姓的父母官呢？

"懒散"二字，立身之贼也。千德万业，日怠废而无成；千罪万恶，日横恣而无制，皆此二字为之。西晋仇礼法而乐豪放，病本正在此。安肆日偷，安肆，懒散之谓也，此圣贤之大戒也。甚么降伏得此二字？曰勤慎。勤慎者，敬之谓也。

〔译文〕

"懒散"二字是立身最大的阻碍。千德万业，日日懈怠荒废一事无成；千罪万恶，日日骄横恣意无所节制，都是因为这两个字。西晋仇视礼法崇尚豪放，病根正是在这两个字。安乐放纵，日渐苟且怠惰，安肆就是懒散的意思,这是圣贤的大戒。什么能够降伏这两个字呢?勤慎。勤慎是敬的意思。

或问修己之道,曰:"无鲜克有终。"问治人之道,曰:"无忿疾于顽。"

〔译文〕

有人问自我修身之道,我说:"不要有始无终。"问治人之道,我说:"不要用愤怒激怒顽固之人。"

静定后看自家是甚么一个人。

〔译文〕

沉静下来后审视自己是个什么样的人。

余参政东藩①日,与年友张督粮临碧在座。余以朱判封,笔浓字大,临碧曰:"可惜!可惜!"余擎笔举手曰:"年兄此一念,天下受其福矣。判笔一字,所费丝毫朱耳,积日积岁,省费不知几万倍。充用朱之心,万事皆然。天下各衙门积日积岁省费又不知几万倍。且心不侈然自放,足以养德;财不侈然浪费,足以养福。不但天物不宜暴殄,民膏不宜慢弃而已。夫事有重于费者,过费不为奢;省有不废事者,过省不为吝。"余在抚院日,不俭于纸,而戒示吏书②片纸皆使有用。比见富贵家子弟用财货如泥沙,长余之惠既不及人,有用之物皆弃于地,胸中无不忍一念,口中无可惜两字。人或劝之,则曰:"所值几何?"余尝号为沟壑之鬼,而彼方侈然自快,以为大手段,不小家势。痛哉!儿曹③志之。

[注释]

①东藩:东方州郡的泛称。吕坤曾任今山东地区的参政。
②吏书:官府的文书。
③儿曹:儿辈。

[译文]

我在山东任参政的时候,与同年登科好友张临碧在一起。我用朱砂写了一个"判"字,笔墨浓重字体硕大。张临碧说:"可惜!可惜!"我举着手拿着笔说:"兄弟这么一想,天下人都有福了。'判'这一个字,耗费的朱砂不过一点点儿,然而日积月累,节省下来的不知有几万倍。只要怀有这种用心,万事都是如此,天下各个衙门日积月累节省下来的又不知能多出几万倍。况且内心保持不放纵就足够修养德行,财物保持不浪费就足够养福。不但天下万物不适合浪费,民脂民膏也不应该浪费。如果有比浪费还重要的事情,那么过度浪费也就不算奢侈;如果节省不影响办事的话,过度节省也就不算吝啬。"我在抚院的时候,在用纸上从不过度节俭,而是告诫警示办事的人每一张纸都要有所用途。好比见到富家子弟用财货如同泥沙,剩下的东西又不惠及他人,有用的东西都丢弃在地上,心中没有一点儿不忍的念头,口中也没有"可惜"二字。有人规劝他们,他们就说:"这值几个钱?"我曾经称呼他们为沟壑之鬼,他们以奢侈为快乐,以为这是大手笔、不小家子气的表现。痛心啊!儿辈们应当记住这些。

　　今人苦不肯谦,只要拿得架子定,以为存体。夫子告子张从政,以无小大、无众寡、无敢慢为不骄。而周公为相,吐握①、下白屋②,甚者父师有道之君子,不知损了甚体?若名分所在,自是贬损不得。

〔注释〕

①吐握:吐哺握发。比喻为了招揽人才而操心忙碌。形容礼贤下士,求才心切。
②白屋:以白茅覆盖的房屋,古代平民所居。代指平民或寒士。

〔译文〕

现在人苦于不肯谦逊,认为只要是把架子端住了,就保存了自己的体面。孔子告知子张从政的道理,说不论大小多少都不敢怠慢,这样才称之为不骄。周公为相的时候,礼贤下士,求才心切,甚至以有道的君子作为父师,这样做损害了什么体面呢?如果名分到了那个位置,自然是无法贬损的。

清无事澄,浊降则自清;礼无事复,己克则自复。去了病便是好人,去了云便是晴天。

〔译文〕

没有别的办法使水澄清,浑浊之物沉降后水自然就清了；没有别的办法使礼法恢复，只要自我约束自我克制，礼法自然就恢复了。病去了就是好人，云彩去了就是晴天。

要得富贵福泽，天主张，由不得我；要做贤人君子，我主张，由不得天。

〔译文〕

要得到富贵福泽，那是由天决定的，由不得我。要想做贤人君子，这由我自己决定，由不得天。

为恶再没个勉强底，为善再没个自然底。学者勘破此念头，宁不愧奋？

〔译文〕

为非作歹不需要勉强，做好事没有自然而然就去做的。学者一旦想明白了这一点，能不羞愧奋发吗？

不为三氏奴婢，便是两间①翁主。三氏者何？一曰气质氏，生来气禀在身，举动皆其作

内 篇 | 103

使,如勇者多暴戾,懦者多退怯是已。二曰习俗氏,世态即成,贤者不能自免,只得与世浮沉,与世依违②,明知之而不能独立。三曰物欲氏,满世皆可殢③之物,每日皆殉欲之事,沉痼④流连,至死不能跳脱。魁然七尺之躯,奔走三家之门,不在此则在彼,降志辱身,心安意肯,迷恋不能自知,即知亦不愧愤。大丈夫立身天地之间,与两仪⑤参,为万物灵,不能挺身自竖,而倚门傍户于三家,轰轰烈烈,以富贵利达⑥自雄,亦可怜矣。予即非忠臧义获⑦,亦豪奴悍婢也,咆哮踯躅,不能解粘去缚,安得挺然脱然独自当家为两间一主人翁乎! 可叹可恨。

〔注释〕

①两间:天地之间,人间。
②依违:依顺,依仗。
③殢(tì):滞留。引申为纠缠、沉湎。
④沉痼(gù):长久而难治的病,比喻难以改掉的坏习惯。
⑤两仪:天地。
⑥利达:显达。
⑦臧(zāng)获:古代对奴仆的贱称。

〔译文〕

　　不做三氏的奴婢，便是天地间的主人。三氏是指什么呢？第一指气质，气质与生俱来，所有举动都是气质在影响，比如勇敢的人大多暴戾，懦弱的人大多退却。第二指习俗，习俗是世态已经形成，贤能之人也无法避免受习俗影响，只能与世态一同浮沉，依顺世态，明明知道该怎么做但是不能去做。第三指物欲，世间多是可能沉湎之物，每日都会有深陷欲望不可自拔的事，若持续沉溺流连其中，至死也不能跳脱。堂堂七尺之躯，终日奔走在这三氏之中，不在此就在彼，降低志向，辱没身份，心安意肯，迷恋而不自知，即使意识到也不觉得羞愧愤慨。大丈夫立身天地间，与天地齐，为万物灵，却不能挺直身板独立站直，而要依靠上述三氏，气势浩大，以富贵显达自豪，也是可怜啊！我就算不是忠义仆人，也要成为豪悍奴婢，只是嘴里叫嚷但徘徊不前，不能解脱，怎么能够成为超脱傲然独自挺立于天地间的自己的主人呢！可叹可恨啊。

问　学

读书人最怕：诵底是古人语，做底是自家人。这等读书虽闭户十年，破卷五车，成甚么用！

〔译文〕

读书人最怕的事情是：一边诵读古人语，一边按自己的一套做人。这样读书就算是闭户十年，破卷五车，又有什么用呢！

能辨真假是一种大学问。世之所抵死奔走者，皆假也。万古惟有"真"之一字磨灭不了，盖藏不了。此鬼神之所把握，风雷之所呵护。天地无此不能发育，圣人无此不能参赞[1]。朽腐得此可为神奇，鸟兽得此可为精怪。道也者，道此也；学也者，学此也。

〔注释〕

①参赞：协助参与谋划。

〔译文〕

　　能辨别真假是一种大学问。让世间人拼死为之奔走的,都是假的。千秋万世以来只有"真"这个字磨灭不了,掩盖不了。"真"被鬼神把握,被风雷呵护。天地没有"真"就不能发育,圣人没有"真"则无法参与教化。腐朽之物得"真"可化为神奇,鸟兽得"真"可变为精怪。我们平日说的就是这个"真",我们要学的也是这个"真"。

　　不由心上做出,此是喷叶学问;不在独中慎起,此是洗面工夫,成得甚事。

〔译文〕

　　不是从心出发去做的学问,那只是如同在叶子上喷水的表面功夫;不在独处中谨慎不苟,那也只是洗面一样的表面功夫,能成什么事呢?

　　上吐下泻之疾,虽日进饮食,无补于憔悴;入耳出口之学,虽日事讲究,无益于身心。

〔译文〕

　　身染上吐下泻之类的疾病,即使每日进食,也难免憔悴;只是耳朵听听嘴上说说的学问,哪怕日日讲究,也无益于身心。

　　学者只是气盈①,便不长进。含六合如一粒,觅之不见;吐一粒于六合,出之不穷,可谓大人矣。而自处如庸人,初不自表异;退让如空夫,初不自满足,抵掌攘臂②而视世无人,谓之以善服人则可。

〔注释〕

　　①气盈:一作"气盛"。
　　②抵掌攘(rǎng)臂:抵掌,击掌,人在谈话时的高兴神情。攘臂,撸起衣袖,伸出胳膊,形容激动的样子。

〔译文〕

　　学者一旦气盛就不会长进。心怀天下,吐纳万物如一粒,寻觅而不见;吐一粒于天地间,影响无穷,可谓大人物。而自处时可以如同平常人,起初不会表现出和别人有什么不一样,退让时像毫无内涵的人,起初不会自我满足,谈到激动高兴处可以视世间仿佛无人,说他是以善服人是可以的。

劝学者歆①之以名利,劝善者歆之以福祥。哀哉!

〔注释〕

①歆(xīn):欣喜,悦服。

〔译文〕

劝学的人以可以收获名利来企图让人欣喜,劝人向善的人以能得到福气吉祥来企图让人悦服。悲哀啊!

工夫全在冷清时,力量全在浓艳时。

〔译文〕

在冷清时能看到一个人忍耐寂寞的功夫,在浓艳时能看到一个人克制自我的力量。

自天子以至于庶人,自尧、舜以至于途之人,必有所以汲汲皇皇①者,而后其德进,其业成。故曰:鸡鸣而起,舜、跖之徒皆有所孳孳②也。无所用心,孔子忧之曰"不有博弈③者乎"?惧无所孳孳者,不舜则跖也。今之君子纵无所用心,而不至于为跖,然饱食终日,惰慢弥年,既不作山林散客,又不问庙堂急务,如醉如痴,以了日月。《易》所谓"君子进德修业,欲及时也",果是之谓乎?如是而自附于清品高贤,吾不信也。孟子论历圣道统心传,不出"忧勤惕励"四字。其最亲切者,曰"仰而思之,夜以继日;幸而得之,坐以待旦"。此四语不独作相,士、农、工、商皆可作座右铭也。

〔注释〕

①汲汲皇皇:心情急切、匆匆忙忙的样子。
②孳(zī)孳:勤勉不懈、一心一意的样子。
③博弈:局戏和围棋。

〔译文〕

从天子到平民,从尧、舜这样的圣人到路上随意行走的行人,必定会有匆匆忙忙追赶目标的人,之后才会增进德行,成就事业。所以说,鸡鸣而起,不论是像舜那样的圣人,还是像跖那样的盗贼都会为了一个目标勤勉不懈。对于饱食终日、做事不用心的人,孔子忧虑地说:"不是可以游戏一下或者下下棋吗?也比什么都不做强啊。"担心这些人无所事事,成不了舜一样的人就转而成为跖一样的人。如今的君子纵使做事不用心,也不至于成为盗跖一样的人,但是他们饱食终日,懒惰散漫多年,既不做隐居山林的散客,也不关心国家大事,整日如痴如醉,打发时日。《易》中所说的"君子增进德行建立功业要及时",说的是这样的人吗?他们这样还自比是清品高贤之人,我不能相信。孟子论述历代圣人道统以心相传的诀窍,不外乎"忧勤惕励"四个字。其中最亲切的四句话是"仰而思之,夜以继日;幸而得之,坐以待旦"。这几句不只作相,士、农、工、商都可以将其作为座右铭。

今之为举子①文者,遇为学题目,每以知行作比,试思知个甚么,行个甚么。遇为政题目,每以教养作比,试问做官养了那个,教了那个。若资口舌浮谈②以自致其身,以要国家宠利③,

内篇 | 111

此与诳骗何异？吾辈宜惕然省矣。

〔注释〕

①举子：科举考试的应试人。
②浮谈：没有根据、没有内容的空谈。
③宠利：恩宠与利禄。

〔译文〕

如今的人做应试文章，遇到"为学"的题目，都会以知行来作比，试想一下做文章的人知个什么，行个什么。遇到"为政"的题目，都会以教养来作比，试问一下做官养了哪个，教了哪个。如果只靠嘴上空谈来考取功名进入仕途，来获取国家的恩宠与利禄，这与诳骗有什么差异？我辈应当警惕自省啊！

世间无一件可骄人之事。才艺不足骄人，德行是我性分事，不到尧、舜、周、孔，便是欠缺，欠缺便自可耻，如何骄得人？

〔译文〕

世间没有一件事是可以令人骄傲的。才艺不足以令人自傲，德行也本是分内事，只要没到达尧、舜、周公、孔子的程度，那就都还是有所欠缺，欠缺便应该自觉羞愧，如何还能觉得骄傲？

圣学下手①处，是无不敬；住脚②处，是恭而安。

〔注释〕

①下手：动手，着手。
②住脚：止步。

〔译文〕

修习孔子之学，开始的时候无不敬畏，止步处都是恭敬且安详。

己所独知，尽是方便；人所不见，尽得自由。君子必兢兢然，细行必谨，小物不遗者，惧工夫之间断也，惧善念之停息也，惧私欲之乘间①也，惧自欺之萌蘖②也，惧一事苟而其余皆苟也，惧闲居忽而大庭亦忽也。故广众者，幽独之证佐；

内篇 | 113

言动者,意念之枝叶。意中过,独处疏,而十目十手能指视之者,枝叶、证佐上得之也。君子奈何其慎独③?不然,苟且于人不见之时,而矜持④于视尔友之际,岂得自然?岂能周悉?徒尔劳心,而慎独君子已见其肺肝矣。

〔注释〕

①乘间:利用机会,趁空子。
②萌蘖(niè):萌芽。比喻事物的开端。
③慎独:独处时依然谨慎不苟。一作"慢浊"。
④矜持:竭力保持庄重。

〔译文〕

只有自己知道的,完全可以怎么方便怎么来;别人看不到的,完全可以听之任之。君子坚定地兢兢业业、细心行事,谨小慎微不遗漏细小之物,是因为害怕自己下的功夫会间断,害怕善念会停止,害怕私欲会钻空子,害怕自欺欺人的开始,害怕一事敷衍了其他事情都敷衍,害怕独居时忽视这些等到了大庭广众之下也忽视这些。所以说,在众人面前的表现是幽居独处时表现的佐证,语言行为是意念的外部表现。意识中的过错,独处时的疏忽,在众人面前被看到被指摘的,就是外部表现和佐证。君子为何会慎独呢?如果不在独处时依然保持谨慎不苟,在他人看不到的地方敷衍了事,而在和朋友接触时尽力保持礼仪庄重,怎么可能做得自然呢?怎么可能做得周全呢?这样只会白白浪费心力,慎独君子早已参透其内在本质了。

屋漏①之地可服鬼神,室家之中不厌妻子,然后谓之真学、真养。勉强于大庭广众之中,幸一时一事不露本象,遂称之曰贤人君子,恐未必然。

〔注释〕

①屋漏:古代室内西北角设置小帐,安藏神主,为人所不见的地方。

〔译文〕

在室内隐秘不被人所见的地方使鬼神信服,在家庭之中妻儿不厌弃,这才能称得上是真学问、真教养。勉强在大庭广众之下,偶尔一时一事侥幸不露真相,就称之为贤人君子,恐怕未必真是贤人君子。

冰见烈火,吾知其易易也。然而以炽炭铄①坚冰,必舒徐②而后尽;尽为寒水,又必待舒徐而后温;温为沸汤,又必待舒徐而后竭。夫学岂有速化之理哉?是故善学者无躁心,有事勿忘从容以俟③之而已。

〔注释〕

①铄(shuò):销熔,熔化(金属)。这里指冰融化为水。
②舒徐:从容不迫。
③俟(sì):等候。

〔译文〕

寒冰遇见烈火,我知道它很容易变化。然而用炽热的炭来融化坚冰,必定是慢慢地融尽;坚冰化为寒水后,又必定是慢慢地才能变成温水;温水成为沸水后,又必定是慢慢地才会烧干。学习怎么可能有速成的道理呢?所以善于学习的人不会烦躁,有事的时候不忘记从容等候罢了。

善学者如闹市求前,摩肩踵足,得一步便紧

一步。

〔译文〕

　　善于学习的人就如同在闹市中前进，人挤人人挨人的，有走一步的机会就赶紧走一步。

　　学识一分不到，便有一分遮障，譬之掘河分隔，一界土不通，便是一段流不去，须是冲开，要一点碍不得。涵养一分不到，便有一分气质，譬之烧炭成熟，一分木未透，便是一分烟不止，须待灼透，要一点烟也不得。

〔译文〕

　　学识一分不到，就会有一分的障碍，就如同挖掘河道，有一边土没挖通，就会有一段水流不过去，必须把它冲开，一点儿障碍都不能有。涵养有一分不足，便缺少一分气质，如同烧炭想要烧透，只要有一分木头没烧透，就会有一分烟气冒出来，必须等待木头灼烧透彻，一点儿烟气都不能要。

除了中字,再没道理;除了敬字,再没学问。

〔译文〕

除了"中"这个字,再没有别的什么道理;除了"敬"这个字,再没有别的什么学问。

强恕是最拙底学问,"三近"人皆可行,下此无工夫矣。

〔译文〕

持续勉强地推己及人是最笨拙的学问方法。好学近乎知,力行近乎仁,知耻近乎勇,这是人人都可以做到的,没什么别的功夫。

体认要尝出悦心真味,工夫更要进到百尺竿头,始为真儒。向与二三子暑月饮池上,因指水中莲房以谈学问,曰:"山中人不识莲,于药铺买得干莲肉,食之称美。后入市买得久摘鲜莲,食之更称美也。"余叹曰:"渠[①]食池上新摘,美当何如?一摘出池,真味犹漓[②]。若卧莲舟,挽碧筒③,就房而裂食之,美更何如？今之体认皆食干莲肉者也。又如这树上胡桃④,连皮吞之,不可谓之不吃,不知此果须去厚肉皮,不则麻口;再去硬骨皮,不则损牙;再去瓤上粗皮,不则涩舌;再去薄皮内萌皮,不则欠细腻。如是而渍以蜜,煎以糖,始为尽美。今之工夫,皆囫囵吞胡桃者也。如此体认,始为精义入神⑤;如此工夫,始为义精仁熟。"

〔注释〕

①渠:代词,表示第三人称,相当于"他"。
②漓:同"离"。背离,丧失。
③碧筒:荷叶柄。
④胡桃:核桃。
⑤精义入神:精研微妙的义理,进入神妙的境界。

〔译文〕

　　体察认识要能够尝到令内心喜悦的真实味道,修养功夫更要百尺竿头更进一步,这样才是真儒。我曾与二三学子夏月饮酒池边,趁机指着水中莲蓬来谈论学问。有人说:"山里人不认识莲蓬,在药铺买到了干莲子,吃后觉得美味。后来在市场上买到摘下来很久的鲜莲子,吃后更觉美味。"我感叹说:"他若吃了池中新摘的莲子,又当如何赞叹其美味呢?一旦莲蓬从池中摘出,真实味道就已经丧失。如果能够卧于采莲舟中,手挽荷叶柄,靠近莲蓬直接将莲子当场剥出来吃,又更是何等的美味呢?如今人们对学问的体察认识就如同吃干莲子一样。又如同吃这树上的核桃,连皮吃的话,也不是说不可以,但说明不知道这种果子要去掉外面的厚皮,否则就会麻口;接着要再去掉硬壳,否则会损伤牙齿;接着要去掉瓤上面的粗皮,否则会涩舌;再然后要去掉薄皮内新生的那层皮,否则口感不细腻。如此剥完之后,用蜜腌渍,用糖煎煮,这才算是尽善尽美。如今人做学问的功夫,都好像囫囵个儿地连皮吞食核桃。只有像这样的体察认识,才是'精义入神';只有像这样下功夫,才是'义精仁熟'。"

学问之道,便是正,也怕杂。不一则不真,不真则不精。入万景之山,处处堪游,我原要到一处,只休乱了脚;入万花之谷,朵朵堪观,我原要折一枝,只休花了眼。

〔译文〕

求学问道的路,即使是正路,也很怕所学芜杂。不专一就不容易学到真谛,学不到真谛就很难精通。进入景观众多的山中玩耍,处处都值得游览,我原本是要到确定的某一处,不要乱了阵脚;进入花朵万千的山谷,每朵花都值得观赏,我原本是要折确定的某一枝,不要看花了眼。

日落赶城门,迟一脚便关了,何处止宿?故学贵及时。悬崖抱孤树,松一手便脱了,何处落身?故学贵着力。故伤悲于老大,要追时除是再生;既失于将得,要仍前除是从头。

〔译文〕

日落时赶着进城,稍稍迟一步城门就关了,到哪里去留宿呢?所以说求学一定要及时。在悬崖处抱着一棵孤树,手一松人就掉落了,会坠落到何处呢?所以说求学一定要用力。所以年纪大了就会伤悲,想要奋起直追,除非再生;将要得到的时候又失去,想要继续向前,除非从头来。

学问要诀只有八个字：涵养德性，变化气质。守住这个，再莫向迷津问渡。

〔译文〕

求学问道的要诀只有八个字：涵养德行，变化气质。只要守住这八个字，再不要在迷路时问路。

点检将来，无愧心，无悔言，无耻行，胸中何等快乐！只苦不能，所以君子有终身之忧。常见王心斋《学乐歌》[①]，心颇疑之，乐是自然养盛所致，如何学得。

〔注释〕

①王心斋：王艮，字汝止，号心斋，明代哲学家。泰州人，入王守仁（阳明）门下求学，创立传承阳明心学的泰州学派。《学乐歌》应为《乐学歌》。

〔译文〕

即将检点人生，若是能做到心中无愧，说过的话无悔，做过的事没有觉得羞耻的，那么心中该是多么快乐！只是苦于做不到这样，所以君子会有一生的忧虑。曾经读过王心斋的《乐学歌》，心中颇有疑虑，乐是德行培养到一定程度后自然达到的状态，如何能学得来？

除不了"我"，算不得学问。

〔译文〕

如果摒除不了"我"的执念，就算不得学问。

卷三　射集

应　务

　　人定真足胜天。今人但委于天,而不知人事之未定耳。夫冬气闭藏不能生物,而老圃①能开冬花,结春实;物性蠢愚不解人事,而鸟师能使雀弈棋,蛙教书。况于能为之人事,而可委之天乎?

〔注释〕

　　①老圃:有经验的菜农。

〔译文〕

　　人一定足够战胜天。如今的人只将命运交托于天,却不知道人间事都无定数。冬天气候寒冷万物不能生长,但经验老到的菜农能使作物在冬天开花,春天结果;动物愚蠢无法理解人的事情,但驯鸟师能够使鸟雀下棋、青蛙教书。何况是可以人为努力的,怎么就交托于天了呢?

众人①之所混同,贤者执之;贤者之所束缚,圣人融之。

〔注释〕

①众人:一般人,群众。

〔译文〕

一般人混淆分辨不清的东西,贤者能够分清;贤者受到束缚的东西,圣人能够消融。

做天下好事,既度德量力,又审势择人。"专欲难成、众怒难犯"此八字者,不独妄动人宜慎,虽以至公无私之心,行正大光明之事,亦须调剂人情,发明事理,俾①大家信从,然后动有成,事可久。盘庚迁殷,武王伐纣,三令五申犹恐弗从。盖恒情②多暗于远识,小人不便于己私,群起而坏之,虽有良法,胡成胡久?自古皆然,故君子慎之。

〔注释〕

①俾(bǐ):使。
②恒情:常情。

〔译文〕

做天下的好事,既要估量自己的德行和能力,也要揣度形势选择人选。"专欲难成、众怒难犯"这八个字,不仅仅是随意行动的人应该谨慎,哪怕是凭借至公无私的心,做正大光明的事情的人,也需要调剂人情,讲明白道理,使大家信服跟从,这以后再行动才会成功,事情也可以长久。盘庚迁殷,武王伐纣,行动前说了很多遍尚且担心人们不跟从。人之常情总是被远见卓识掩盖,小人一旦觉得事情于自己不利就会一哄而上破坏它,就算有好的方法来解决这个状况,怎么确保成功和长久?自古以来事情都是如此,所以君子应该谨慎。

辨学术,谈治理,直须穷到至处,让人不得,所谓"宗庙朝廷便便①言"者。盖道理,古今之道理,政事,国家之政事,务须求是乃已。我两人皆置之度外,非求伸我也,非求胜人也,何让人之有?只是平心易气,为辨家第一法。才声高色厉,便是没涵养。

〔注释〕

①便便:言语明白流畅。

〔译文〕

考辨学术,谈论治国道理,必须刨根问底穷追不舍,不能有所退让,所谓"宗庙朝廷便便言"说的就是这个道理。道理是古今的道理,政事是国家的政事,务必要求得一个正确才行。我们二人都应该置之度外,不是为了求得伸张自己的理念,不是为了求得胜过别人,何必非要让人呢?不过心情平和态度冷静是辩论者最先要注意的。一旦有声音激烈面容紧张的表现,就是没有涵养。

五月缫丝,正为寒时用;八月绩①麻,正为暑时用;平日涵养,正为临时②用。若临时不能驾御③气质、张主④物欲,平日而曰"我涵养",吾不信也。夫涵养工夫岂为涵养时用哉？故马蹶而后求銜，不如操持之有常；辐拆⑤而后为轮，不如约束之有素。其备之也若迂，正为有时而用也。

〔注释〕

　　①绩：把麻或其他纤维搓捻成绳或线。
　　②临时：临到事情发生的时候。
　　③驾御：驱使，控制。
　　④张主：发挥主体作用，做主。
　　⑤拆：一作"折"。

〔译文〕

　　五月缲(sāo)丝，正是为寒冷时备用；八月纺麻，正是为暑热时备用；平时修养德行，正是为有事的时候备用。如果临到事情发生的时候不能控制住自己的气质和欲望，平时说自己有修养德行，我不信。修身养性的功夫难道是为了有修养的时候用的吗？所以马失控了之后才寻求缰绳来牵引，不如平日里按规律操作；车辐条折断了才想着修轮子，不如平时就修理好。准备的时候似乎很麻烦，正是为了临到有用的时候能用得上。

"因"①之一字妙不可言。因利者无一钱之费,因害者无一力之劳,因情者无一念之拂,因言者无一语之争。或曰:"不几于徇②乎?"曰:"此转人而徇我者也。"或曰:"不几于术乎?"曰:"此因势而利导者也。"故惟圣人善用因,智者善用因。

〔注释〕

①因:凭借,依靠。
②徇:依从,曲从。

〔译文〕

"因"这个字真是妙不可言。根据利益来做事的人不会浪费一分钱,根据是否有损害来做事的人不会多出一分力,根据人情来做事的人不会违背他人任一念头,根据他人所说的话来做事的人不会有丝毫言语之争。有人问:"这不就几乎是曲从吗?"我说:"这样是让别人来依从我。"有人问:"这不几乎就是权术吗?"我说:"这就是顺应事物发展的趋势并加以引导。"所以只有圣人和智者善于用"因"。

内 篇 | 129

天下之物,纡①徐柔和者多长,迫切躁急者多短。故烈风骤雨无崇朝②之威,暴涨狂澜无三日之势,催拍促调非百板之声,疾策紧衔非千里之辔。人生寿夭祸福无一不然,褊急③者可以思矣。

〔注释〕

①纡(yū)徐:从容宽舒的样子。
②崇朝(zhāo):整天。崇,通"终"。
③褊(biǎn)急:性情急躁,气量狭隘。

〔译文〕

天下的事物,从容柔和的大多长久,迫切急躁的大多短暂。所以疾风暴雨没有可以保持一整天的威势,急剧上升的汹涌波浪也不可能维持很多天,迫切急促的调子不是大多数音乐的声音,拉紧缰绳急速鞭打不是应对千里马的方法。人生的生死祸福都是如此,性情急躁的人可以想一想。

干天下事无以期限自宽。事有不测,时有不给①。常有余于期限之内,有多少受用处!

〔注释〕

①给(jǐ):丰足,富裕。

〔译文〕

天下的事情,不论做什么都不要期限还没到就自我放宽。事情总有无法预测到的时候,时间总有不富裕的时候。在期限之内常常留有余地,会受益很多!

将事而能弭,当事而能救,既事而能挽,此之谓达权①,此之谓才;未事而知其来,始事而要其终,定事而知其变,此之谓长虑,此之谓识。

〔注释〕

①达权:通晓权宜,随机应付。

〔译文〕

事情将要发生还没发生的时候能够制止,事情正在发生的时候能够补救,事情发生过后能够挽救,这就算能够随机应付,这就是才能;事情还没发生的时候知道它将要发生，事情开始的时候能够预知结局，事情已经确定了也能看到它的变化，这就算是能够长远考量，这就是远见。

任难任之事，要有力而无气；处难处之人，要有知而无言。

〔译文〕

承担难以胜任的事情，要有力量但不要有怨气；和难以相处的人相处，要心中知晓但不要多言。

善处世者，要得人自然之情。得人自然之情，则何所不得？失人自然之情，则何所不失？不惟帝王为然，虽二人同行，亦离此道不得。

〔译文〕

善于为人处世的人，要得到人的自然之情。得到人的自然之情，还有什么是得不到的呢？失去人的自然之情，还有什么是不会失去的呢？不是只有帝王才这样，就算是二人同行，也离不开这个道理。

人有言不能达意者,有其状非其本心者,有其言貌诬其本心者。君子观人,与其过察而诬人之心,宁过恕以逃人之情。

〔译文〕

有人言语不能表达心中所想,有人外在表现不符合本心,有人言语容貌甚至与本心相背。君子观察人,与其说严察过度以至于违背了本心,宁可多宽恕一些以逃避人情。

人情,天下古今所同。圣人防其肆,特为之立中以的之。故立法不可太激,制礼不可太严,责人不可太尽,然后可以同归于道。不然,是驱之使畔①也。

〔注释〕

①畔:通"叛"。

〔译文〕

人情,古往今来全天下都一样。圣人为了防止其太过肆意，特意为其设立了一个持中的状态作为标的。所以立法不能太过激进，制礼不能太过严苛，责备人不能话说得太绝，这样之后才可以同归于道。不这样的话，就是赶着让人违背正道了。

天下之事，有速而迫之者，有迟而耐之者，有勇而劫之者，有柔而折之者，有愤而激之者，有喻而悟之者，有奖而歆之者，有甚而淡之者，有顺而缓之者，有积诚而感之者。要在相机因时，舛施未有不败者也。

〔译文〕

天下的事情，有急速而逼迫着改变的，有迟缓而忍耐的，有凭借勇武劫持的，有温柔地令其折服的，有愤怒而激进的，有借比喻让人领悟的，有通过奖励让人心生喜悦的，有用过度的方法令其淡化的，有顺势而为使其平缓的，有累积诚意令对方感动的。关键在于看准机会，等待时间，错误的措施没有不失败的。

论眼前事，就要说眼前处置。无追既往，无道远图，此等语虽精，无裨见在也。

〔译文〕

　　谈论眼前事,就要说眼下怎么办。不要追究已经过往的,也不要去说以后的,这些话虽然精辟,对眼下的事没什么帮助。

　　我益智,人益愚;我益巧,人益拙,何者?相去之远而相责之深也。惟有道者,智能谅人之愚,巧能容人之拙,知分量不相及而人各有能不能也。

〔译文〕

　　我越智慧,别人就显得越愚蠢;我越灵巧,别人就显得越笨拙,为什么呢?是水平相差太远却要求太高的原因。只有有道德的人,自己智慧的同时能原谅别人的愚蠢,自己灵巧的时候能包容别人的笨拙,知道每个人的力量不一样,每个人都有能做和不能做的事情。

　　仆隶下人昏愚者多,而理会人意,动必有合,又千万人不一二也。居上者往往以我责之,不合则艴然①怒,甚者继以鞭笞,则彼愈惶惑而错乱愈甚。是我之过大于彼也,彼不明而我当明也,彼无能事上而我无量容下也,彼无心之失而我有心之恶也。若忍性平气,指使而面命之,是两益也。彼我无苦而事有济②,不亦可乎?《诗》曰"匪怒伊教",《书》曰"无忿疾于顽",此学者涵养气质第一要务也。

[注释]

①艴(bó)然:恼怒貌。
②济:成功,成就。

[译文]

奴仆下人大多昏昧愚笨,能够理会别人心意、行动都能迎合他人的,千万人当中也没有一两个。处于上位的人往往以自己的标准来责备他们,不合自己心意就会恼怒,更有甚者还会鞭笞下人,这样一来下人就愈加惶恐,继而愈发出错慌乱。这种情况下,我作为主人的过错大于下人,他们没有领会心意的话,我应当让他们明白。他们没有能力侍候我,我也没有度量包容下人,他们是无心之失而我是故意作恶。如果能够忍耐心性，平顺心气，差遣他们的时候当面把命令讲清楚，对双方都好。双方都没有苦恼并且事情能办成，这样不好吗？《诗经》中说的"不用愤怒就能教化百姓"，《尚书》中说"对于那些愚顽之人不用愤怒到疾恶如仇的样子"，这是学者修养德行气质的第一要务。

论理要精详，论事要剀切①，论人须带二三分浑厚。若切中人情，人必难堪，故君子不尽人之情，不尽人之过，非直远祸，亦以留人掩饰之路，触人悔悟之机。养人体面之余，亦天地涵蓄之气也。

〔注释〕

①剀（kǎi）切：恳切。

〔译文〕

谈论道理要精详，谈论事情要恳切，评论人需要带着两三分淳朴敦厚。如果所说切中人内心，对方必定感觉难堪，所以君子说话都不会直击他人内心，不会尽数他人过失，这样不只是远离祸患，也给他人留下可以掩饰的路子,触发他人悔恨领悟的时机。这一方面保留他人的体面,另一方面也是天地涵养万物的气量。

"父母在难,盗能为我救之,感乎?"曰:"此不世①之恩也,何可以弗感?""设当用人之权,此人求用,可荐之乎?"曰:"何可荐也?天命有德,帝王之公典②也,我何敢以私恩奸之?""设当理刑之职,此人在狱,可纵之乎?"曰:"何可纵也?天讨有罪,天下之公法也,我何敢以私恩骫③之?"曰:"何以报之?"曰:"用吾身时,为之死可也;用吾家时,为之破可也。其它患难,与之共可也。"

〔注释〕

①不世:非一世所能拥有,罕有。
②公典:国家典章,朝廷法典。
③骫(wěi):枉曲。

〔译文〕

有人问:"父母处在危难中,盗贼能替我帮他们解救出来,要感谢盗贼吗?"我回答说:"如此非凡罕有的恩情,怎么可以不感谢呢?"又问:"假如我正好有用人的权力,这个盗贼要求我任用他,我能推荐他吗?"我回答说:"怎么可以推荐呢?任用有道德的人,这是国家典章,我怎么敢用私人的恩情来破坏朝廷法典呢?"再问:"假如我正好担任管理刑狱的职务,这个盗贼在监狱里,我能放了他吗?"我回答说:"怎么可以放了呢?有罪的人受到惩罚,这是天下的公理,我怎么敢因为私人的恩情破坏这个公理呢?"接着问:"那我怎么报答他呢?"我回答说:"需要用到我身体的时候,为他去死也可以;需要用到我家的时候,为他耗尽家产也可以。其他的患难,与他一同承担也可以。"

成心者,见成①之心也。圣人胸中洞然清虚,无个见成念头,故曰绝四②。今人应事③宰物④都是成心,纵使聪明照得破,毕竟是意见障。

〔注释〕

①见成:现成。

②绝四:毋意、毋必、毋固、毋我。不先入为主,不绝对肯定,不固执己见,不自以为是。

③应事:处理事务。

④宰物:从政治民,掌理万物。

〔译文〕

　　成心,就是现成已有的心意。圣人心中澄明清净,没有现成已有的念头,所以称之为"绝四"。现在的人处理事情都有现成的一套,即使聪明到能够看得破,毕竟也是见解主张的阻滞。

　　凡听言,要先知言者人品,又要知言者意向,又要知言者识见,又要知言者气质,则听不爽①矣。

〔注释〕

　　①爽:差失,违背。

〔译文〕

　　但凡听别人讲话,需要先知道说话人的人品,又要知道说话人的意向,还要知道说话人的见识和气质,这样才不会听差了。

不须犯一口说,不须着一意念,只恁真真诚诚行将①去,久则自有不言之信,默成之孚②。熏之善良,遍为尔德者矣。碱蓬生于碱地,燃之可碱;盐蓬生于盐地,燃之可盐。

〔注释〕

①行将:即将,将要。
②孚:为人所信服。

〔译文〕

不需要说一句话,不需要有一个念头,只需要真真诚诚地进行下去,时间长了自然就不说什么也会得到信任与信服。用善良来熏陶,人们普遍都会成为有美德的人。碱蓬生在碱地,燃烧可使其出碱;盐蓬生在盐地,燃烧后可以出盐。

世人相与①,非面上则口中也。人之心固不能掩于面与口,而不可测者则不尽于面与口也。故惟人心最可畏,人心最不可知,此天下之陷阱,而古今生死之衢也。予有一拙法,推之以至诚,施之以至厚,持之以至慎,远是非,让利名,处后下,则夷狄鸟兽可骨肉而腹心矣。将令深者且倾心,险者且化德,而何陷阱之予及哉?不然,必予道之未尽也。

〔注释〕

①相与:相处,相交往。

〔译文〕

世人相互交往,不是表现在面上就是在嘴上。人的本心固然是不能掩藏于表面和口舌,但看不透的人其表现肯定不止表面和口舌。所以说人心是最可畏、最不可知的,是天下的陷阱,是古今生死的要道。我有一个笨拙的办法,用至诚之心、至厚之情与之交往,始终保持谨慎,远离是非,谦让名利,将自己放在低且后的位置,这样一来,边远少数民族和鸟兽都可以成为骨肉心腹之亲。使得那些心思深沉的人交心,险恶之人感化于道德,还怕有什么陷阱呢?不这样的话,必定是我的修道还不够。

君子与小人共事必败,君子与君子共事亦

未必无败，何者？意见不同也。今有仁者、义者、礼者、智者、信者五人焉，而共一事，五相济则事无不成，五有主则事无不败。仁者欲宽，义者欲严，智者欲巧，信者欲实，礼者欲文，事胡以成？此无他，自是之心胜而相持之势均也。历观往事，每有以意见相争至亡人国家，酿成祸变而不顾，君子之罪大矣哉！然则何如？曰：势不可均。势均则不相下，势均则无忌惮而行其胸臆。三军之事，卒伍①献计，偏裨②谋事，主将断一，何意见之敢争？然则善天下之事，亦在乎通者当权而已。

〔注释〕

①卒伍：士兵。

②偏裨（pí）：偏将。

〔译文〕

君子与小人一同做事必定会失败，君子与君子一同做事也未必不失败，为什么呢？意见不同的缘故。现在有仁、义、礼、智、信五人一同做事，五人相互帮助则事情没有办不成的,五人各自为政则事情没有不失败的。仁者想要宽容,义者想要严格,智者想要巧慧,信者想要诚实,礼者想要文明,事情怎么可能成功呢?没有别的原因,自以为正确的心战胜了一切而彼此又势均力敌相互牵制。看遍过往种种事,每每有君子因为意见相争导致国破家亡、酿成祸事变故而不管不顾的,这样的君子罪过很大!那么该怎么办呢?我回答说:彼此之间的势力不可以太平均。势力均衡就会不相上下,势力均衡就会无所忌惮只按自己心中所想行事。军队中的事情,士兵献计,偏将谋划,主将决断,谁敢争论?如此一来,那么想要做好天下事的话,也在于让通达事理的人掌权罢了。

处天下事,只消得"安详"二字,虽兵贵神速,也须从此二字做出。然安详非迟缓之谓也,从容详审,养奋发于凝定之中耳。是故不闲则不忙,不逸则不劳。若先怠缓,则后必急躁,是事之殃也。十行九悔,岂得谓之安详?

〔译文〕

处理天下的事情,就只要"安详"二字,虽然兵贵神速,也必须从这两个字做。但是安详并不意味着迟缓,而是从容周详审慎,在凝神定气中蓄养奋发之力。所以不闲就不忙,不逸就不劳。如果一开始急缓,那么后面必定会急躁,这就是事情遭殃的开始。十次行为九次都后悔,哪里可以称得上安详呢?

字到不择笔处,文到不修句处,话到不检口处,事到不苦心处,皆谓之自得。自得者,与天遇。

〔译文〕

写字到了不用选择笔的程度,文章到了不修正语句的程度,说话到了不必事先检点的程度,做事到了不必费心的程度,这些都称得上是自得。自得的人,能与自然相遇相通。

无用之朴,君子不贵。虽不事机械①变诈②,至于德慧术知,亦不可无。

〔注释〕

①机械:狡诈,机巧。

②变诈:巧变,诡诈。

[译文]

没什么用处的朴拙,君子并不以其为贵。君子虽然不会机巧诡诈,但道德智慧术数才智,也不可以没有。

人情不便处便要回避,彼虽难于言而心厌苦之,此慧者之所必觉也,是以君子体悉人情。悉者,委曲周至之谓也。恤其私、济其愿、成其名、泯其迹,体悉之至也,感人伦于心骨矣。故察言观色者,学之粗也;达情会意者,学之精也。

[译文]

人之常情中不方便的地方就应该回避,对方虽然不好说但内心感到厌烦痛苦,这种情况有智慧的人必定有所察觉,所以君子会体悉人情。悉,就是迁就以求周全的意思。体恤他的想法,帮助他实现愿望,成就他的名声,泯灭相关痕迹,这就是体悉到了极致,感念人伦至极了。所以懂得察言观色的,只是很粗浅的学问;懂得通达情绪领会心意的,才是精心的学问。

或问:"虑以下人①,是应得下他不?"曰:"若应得下他,如子弟之下父兄,这何足道?然亦不是卑谄而徇人以非礼之恭,只是无分毫上人之心,把上一着,前一步,尽着别人占,天地间惟有下面底最宽,后面底最长。"

〔注释〕

①虑以下人:谦恭待人。语出孔子《论语》。

〔译文〕

有人问:"谦恭待人,是说本身就是应该谦恭的对象吗?"我说:"如果本身就是应该谦恭的对象,比如子弟对父兄本来就该谦恭,这又有什么可说的呢?然而也不是卑躬屈膝、谄媚曲从他人来表示谦恭,只是没有丝毫高人一等的心思,把上一着,前一步,这些机会都让别人先,天地间只有下面的最宽,后面的最长。"

轻信骤发,听言之大戒也。

〔译文〕

轻信他人的话并且很鲁莽地发表意见,这是听别人说话的大戒。

水之流行也,碍于刚则,求通于柔;智者之于事也,碍于此,则求通于彼。执碍以求通,则愚之甚也,徒劳而事不济。

〔译文〕

水的流动,会被刚硬之物阻碍,于是就流向柔活的地方;有智慧的人做事,此处受到阻碍,于是就转向彼处寻求通路。执着于在受阻碍的地方寻求通路,是很愚蠢的做法,徒劳无功,于事无补。

计天下大事,只在要紧处一着留心用力,别个都顾不得。譬之弈棋,只在输赢上留心,一马一卒之失浑不放在心下。若观者以此预计其高低,弈者以此预乱其心目,便不济事。况善筹者以与为取,以丧为得;善弈者饵之使吞,诱之使进,此岂寻常识见所能策哉?乃见其小失而遽沮挠之,摈斥之,英雄豪杰可为窃笑矣,可为恸惋矣。

〔译文〕

考虑天下的大事，只需要在最要紧的地方留心用力，其他的都不用管。比方说下棋，只需在输赢上留心，一个马一个卒子的丢失完全不用放在心上。如果观棋的人以一马一卒的得失来预计下棋人的高低，下棋人因为一马一卒的得失就乱了心神，那就不管用了。何况善于筹谋的人会将给予视作获取，会将失去视为得到；善于对弈的人抛出诱饵令对方上钩，诱使其前进，这些岂是寻常见识的人能够策划得了的呢？一看见有小小失败就立刻阻挠、丢弃的话，英雄豪杰会偷偷笑话，会悲恸惋惜。

夫势，智者之所借以成功，愚者之所逆以取败者也。夫势之盛也，天地圣人不能裁，势之衰也，天地圣人不能振，亦因①之而已。因之中寓②处之权，此善用势者也，乃所以裁之振之也。

〔注释〕

①因：凭借，依靠。
②寓：寄托、加入。

〔译文〕

势,智慧的人凭借它取得成功,愚笨的人逆它而行遭到失败。势强盛的时候,天地圣人都不能减损它,势衰弱的时候,天地圣人也不能使其振兴,势,只能依凭并利用它而已。在依凭的过程中加入自己主观的处变权力,这就是善于利用势的人,对势的减损或振兴。

智者之于事,有言之而不行者,有所言非所行者;有先言而后行者,有先行而后言者;有行之既成而始终不言其故者。要亦为国家深远之虑,而求心必济而已。

〔译文〕

有智慧的人面对事情,有只说但不做的,有所说非所做的;有先说后做的,有先做后说的;有都已经做完了但是始终不说原因的。总之也是为国家长远发展考虑,而希望心愿一定能够达到罢了。

实处着脚,稳处下手。

〔译文〕

做事情要在实处落脚,稳处下手。

当事有四要:际畔①要果决,怕是绵;执持要坚耐,怕是脆;机括②要深沉,怕是浅;应变要机警,怕是迟。

〔注释〕

①际畔:边界,界限。
②机括:机关,指处理事情的关键或治事的权柄。

〔译文〕

面对事情有四点需要注意:行至边界处要果决,最怕软绵;持久执行要坚韧有耐性,最怕轻易放弃;处事要深沉,最怕太表面被一眼看穿;应变要机警,最怕迟缓。

朝三暮四,用术者诚诈矣。人情之极致,有以朝三暮四为便者,有以朝四暮三为便者,要在当其所急。猿非愚,其中必有所当也。

〔译文〕

早上三个晚上四个,这诚然是善用权术的人在欺诈。人情的极致,有的认为早上三个晚上四个好,有的认为早上四个晚上三个好,关键在于他看重什么。猴子并不愚蠢,其中必定有它们所看重的。

有余,当事之妙道也。故万无可虑之事备十一,难事备百一,大事备千一,不测之事备万一。

〔译文〕

留有余地,这是处理事情的绝妙办法。所以万无一失的事情要预备十分之一的差错,困难的事情要预防出现百分之一的差错,重大的事情要预防出现千分之一的差错,难以预料的事情要预防出现万分之一的差错。

有一介[①]必吝者,有千金可轻者,而世之论取与,动曰所直几何,此乱语耳。

〔注释〕

①一介:介,通"芥"。一粒芥籽,形容量小。

〔译文〕

有的人对很微小的东西也会吝惜舍不得,有的人对很贵重的东西也会轻视,然而世间讨论获取和给予的时候,动不动就以值多少钱来衡量,这是胡言乱语。

胸中无一毫欠缺,身上无一些点染,便是羲皇以上人,即在夷狄患难中,何异玉烛①春台②上?

〔注释〕

①玉烛:四时之气和畅,形容太平盛世。
②春台:春日登临览胜之处。

〔译文〕

心中没有一丝一毫欠缺,身上没有一点一滴沾染外物,这就能算得上是伏羲以上的圣人了。这样的人即使

内篇 | 153

身处夷狄当中或者身陷患难,和身处太平盛世或者春日登临饱览胜景没什么不同。

被发于乡邻之斗,岂是恶念头?但类于从井救人矣。圣贤不为善于性分之外。

〔译文〕

在乡邻争斗的时候披头散发,这是有什么坏念头吗?只类似于跳进井中救人。圣贤即使做善事也不会超出本分。

仕途上只应酬,无益人事,工夫占了八分,更有甚精力时候修正经职业?我尝自喜行三种方便,甚于彼我有益:不面谒人,省其疲于应接;不轻寄书,省其困于裁答;不乞求人看顾,省其难于区处。

〔译文〕

仕途之上只顾着应酬,对人事没什么好处,费心费力的功夫就占据了八分,哪里还有什么时间精力去修行正经职业？我曾经很喜欢行三种方便，对大家都有好处，分别是：不亲自去拜访他人，省得别人疲于应付接待；不轻易寄托书信，省得对方苦恼于考虑如何回复；不乞求别人对自己看顾，省得对方难以处理。

天下之事，常鼓舞不见罢[①]劳，一衰歇便难振举。是以君子提醒精神，不令昏眊[②]；役使筋骨，不令怠惰，惧振举之难也。

〔注释〕

①罢(pí)：同"疲"。
②眊(mào)：眼睛昏暗，不明亮。

〔译文〕

天下的事情，要经常鼓舞才会不见疲劳，一旦衰竭了就很难再提振起来。所以君子会常常提振精神，使自己不至于头晕眼花；会常常锻炼筋骨，使自己不至于怠慢懒惰，就是担心一旦衰竭就难以提振。

君子之处事也，要我就事，不令事就我；其长民[①]也，要我就民，不令民就我。

内 篇 | 155

〔注释〕

①长民:地方官吏。此处引申为管理百姓。

〔译文〕

君子处理事情,是人去找事情,而不是等事情来找人;君子管理百姓,是自己去接近百姓,而不是等百姓来找自己。

无谓人唯唯,遂以为是我也;无谓人默默,遂以为服我也;无谓人煦煦,遂以为爱我也;无谓人卑卑,遂以为恭我也。

〔译文〕

不要以为别人唯唯诺诺就是认同自己;不要以为别人默默无闻就是拜服自己;不要以为别人和和气气就是喜欢自己;不要以为别人谦卑恭敬就是尊崇自己。

语云"一错二误",最好理会。凡一错者必二误,盖错必悔怍,悔怍则心凝于所悔,不暇他思,又错一事。是以无心成一错,有心成二误也。礼节应对间,最多此失。苟有错处,更宜镇定,不可忙乱,一忙乱则相因而错者无穷矣。

〔译文〕

　　有种说法叫"一错二误",这很好理解。但凡出现一个错误,必定会接着有第二个错误,因为一旦错了必定会懊悔惭愧,懊悔惭愧则心神必定集中在所懊悔的事情上,无暇顾及其他,就会又做错一件事。所以说无心会造成一个错误,有心就造成第二个错误。礼节应对之中,最容易出现这种问题。一旦有错处,更应该镇定,不可以忙乱,一旦忙乱了就会接着出现无穷的错误。

　　祸莫大于不仇人而有仇人之辞色,耻莫大于不恩人而诈恩人之状态。

〔译文〕

　　最大的灾祸莫过于心里本来不仇恨别人却表现出了仇恨对方的言辞和神情,最大的耻辱莫过于本来对人并无恩惠却假装出对人有恩的样子。

余少时曾泄当密之语,先君责之,对曰:"已戒闻者使勿泄矣。"先君曰:"子不能必子之口,而能必人之口乎?且戒人与戒己孰难?小子慎之。"

〔译文〕

我小的时候曾经泄露了本应当保密的话,父亲责备我,我应对说:"我已经告诫了听话的人让他不要泄露出去。"父亲说:"你都不能管住自己的嘴,却能管住别人的嘴吗?况且约束别人和约束自己相比,哪个更难呢?小家伙要谨慎啊!"

固可使之愧也,乃使之怨;固可使之悔也,乃使之怒;固可使之感也,乃使之恨。晓人当如是耶?

〔译文〕

本来可以使其羞愧,却使人怨恨;本来可以使其懊悔,却使人愤怒;本来可以使人感动,却使人仇恨。明达事理的人会这样吗?

不要使人有过。

〔译文〕

不要让人有过错。

你说底是,我便从,我不是从你,我自从是,何私之有？你说底不是,我便不从,不是不从你,我自不从不是,何嫌之有？

〔译文〕

你说的有道理,我就听从,我不是听从你,我是听从道理,这何来私心一说呢？你说的没道理,我就不听从,不是不听从你,是不听从没道理的意见,这何来嫌弃一说呢？

日用酬酢[①],事事物物要合天理人情。所谓合者,如物之有底盖,然方者不与圆者合,大者不与小者合,敧[②]者不与正者合。覆诸其上而不广不狭,旁视其隙而若有若无。一物有一物之合,不相苦窳[③];万物各有其合,不相假借。此之谓天则,此之谓大中,此之谓天下万事万物各得其所,而圣人之所以从容中,贤者之所以精一求,众人之所以醉心梦意、错行乱施者也。

〔注释〕

①酬酢(zuò):主客相互敬酒,应酬交往。主敬客称酬,客还敬称酢。
②敧(qī):倾斜不正。
③苦窳(yǔ):粗糙劣质。

〔译文〕

日常应酬交往,万事万物都要契合天理人情。所谓的合,就好比物品有底有盖,但是底盖当中方的和圆的不契合,大的和小的不契合,斜的和正的不契合。覆盖在上面的时候不大不小,从旁边看缝隙似有似无。一物有一物的契合,不用相互凑合;万物都是各自的契合,不必相互借用。这就是所谓的天道,这就是所谓的中正,这就是所谓的天下万事万物各得其所,圣人能够在其间从容中正,贤者能够追求精纯精一,而众人只能醉心梦意、错行乱施的原因。

将祭而齐①,其思虑之不齐者,不惟恶念,就是善念也是不该动底。这三日里,时时刻刻只在那所祭者身上,更无别个想头,故曰"精白一心"。才一毫杂,便不是精白。才二,便不是一心。故君子平日无邪梦,齐日无杂梦。

〔注释〕

①齐:同"斋"。古人祭祀前整洁身心,以示虔敬。

〔译文〕

祭祀前整洁身心,思虑上不斋戒的人,不单是恶念,就是善念也是不该有的。斋戒的三天里,所有的心思时时刻刻都只在被祭祀者的身上,不会再有别的念头,所以称之为"精白一心"。一旦出现一丝一毫的杂念,就不是精白。一旦出现其他念头,就不是一心。所以君子平时没有邪梦,斋戒日没有杂梦。

吃这一箸饭是何人种获底?穿这一匹帛是何人织染底?大厦高堂如何该我住居?安车驷马如何该我乘坐?获饱暖之休思作者之劳,享尊荣之乐思供者之苦。此士大夫日夜不可忘情者也。不然,其负斯世、斯民多矣。

〔译文〕

　　口中吃的这一筷子饭是什么人耕种收获的?身上穿的这一匹布是什么人编织印染的?大厦高堂为什么就该我居住?安车驷马为什么就是我可以乘坐的?获得保障温饱的美好时就该思考劳作者的辛劳,享受尊荣带来的乐趣时就该思考供养者的辛苦。这是身为士大夫日夜不可以忘记的事情。不然的话,就有负这个世界、这些百姓太多了。

　　定、静、安、虑、得,此五字时时有,事事有。离了此五字,便是孟浪①做。

〔注释〕

　　①孟浪:鲁莽,冒失。

〔译文〕

　　定、静、安、虑、得,这五个字要时时有,事事有。离开了这五个字,做事就是鲁莽冒失的。

才下手便想到究竟①处。

〔注释〕

①究竟:穷尽,结束,结局。

〔译文〕

才开始着手做就要想到结局处。

施者不知,受者不知,诚动于天之南,而心通于海之北,是谓神应。我意才萌,彼意即觉,不俟出言,可以默会,是谓念应。我以目授之,彼以目受之,人皆不知,两人独觉,是谓不言之应。我固强之,彼固拂之,阳异而阴同,是谓不应之应。明乎此者,可以谈兵矣。

〔译文〕

施予的人不知道,接受的人也不知道,诚意开始于天之南,但是诚心却连通到了海之北,这就是所谓的"神应"。我的心意才萌发,对方马上就觉察到;不用说话,就可以默默领会,这就是所谓的"念应"。我用目光去授意,对方用目光来接受,旁人都不知道,只有你我二人察觉,这就是所谓的"不言之应"。我固执地强迫他,他固执地反对,看上去不一样实则相同,这就是所谓的"不应之应"。明白这些的人,就可以和他谈论用兵之道了。

明义理易,识时势难。明义理,腐儒可能。识时势,非通儒不能也。识时易,识势难。识时,见者可能。识势,非蚤①见者不能也。识势而蚤图之,自不至于极重,何时之足忧?

〔注释〕

①蚤:通"早"。

〔译文〕

明晓义理容易,看懂时势很难。明晓义理,酸腐儒生就可以;看懂时势,不是通达儒家做不到。看懂时机容易,看懂趋势很难。看懂时机,只需要看见了的人就可以;看懂趋势,如果不是有预见性的人是不行的。看懂趋势进而早谋划,自然不至于到很严重的地步,还有什么可忧虑的呢?

舟中失火,须思救法。

〔译文〕

船内失火,须要想一个解救的办法。

象箸夹冰丸,须要夹得起。

〔译文〕

用光滑的象牙筷子去夹冰坨,须要夹得起来才行。

相嫌之敬慎不若相忘之怒詈①。

〔注释〕

①詈(lì):骂,责备。

〔译文〕

相互嫌弃但表面恭敬谨慎,还不如彼此相忘的怒骂责备。

内篇

卷四　御集

世　运

坏世教者,不是宦官宫妾,不是农工商贾,不是衙门市井,不是夷狄。

[译文]

破坏世界法令规章的,不是宦官宫妾,不是农工商贾,不是衙门市井的人,不是夷狄之人。

世界一般①是唐虞②时世界,黎民一般是唐虞时黎民,而治不古若,非气化③之罪也。

[注释]

①一般:一样,同样。
②唐虞:唐尧和虞舜的合称,指尧、舜的时代,太平盛世。
③气化:阴阳之气变化而化生万物。

〔译文〕

　　世界同样是尧、舜时候的世界,百姓同样是尧、舜时候的百姓,但社会治理却和古时候不一样,这不是阴阳化生万物的罪过。

　　士鲜衣美食①,浮谈②怪说、玩日愒③时,而以农工为村鄙;女傅粉簪花、冶容学态、袖手乐游,而以勤俭为羞辱;官盛从④丰供、繁文缛节、奔逐世态,而以教养为迂腐。世道可为伤心矣。

〔注释〕

　　①鲜衣美食:衣食俱美。形容讲究吃穿,生活奢华。
　　②浮谈:没有根据、没有内容的空谈。
　　③愒(kài):荒废。
　　④盛从:对别人侍从或仆役的尊称。

〔译文〕

　　士人讲究吃穿,整天空谈怪说,日日游玩荒废时间,却认为农民工匠是乡野粗鄙之人;女子擦粉戴花,修饰容貌学习姿态,悠闲地玩乐,却认为勤俭是羞辱的事情;

官吏侍从众多,讲究繁文缛节,奔逐世态,却认为教养是迂腐的事情。世道如此,真是令人伤心。

喜杀①人是泰②,愁杀人也是泰。泰之人昏惰侈肆,泰之事废坠宽罢,泰之风纷华骄蹇,泰之前如上水之篙,泰之世如高竿之顶,泰之后如下坡之车。故否③可以致泰,泰必至于否。故圣人忧泰不忧否。否易振,泰难持。

〔注释〕

①杀:副词,用在谓语后面,表示程度深。
②泰:安宁通达,好运。
③否(pǐ):闭塞,不通,坏。

〔译文〕

有特别令人高兴的事是好运,有特别愁的事也是好运。行好运的人昏庸懒惰奢侈肆意,行好运的事荒废堕落宽缓停摆,安泰的风显得富丽傲慢,好运之前如逆流向上撑船的竹篙,好运之时如高竿的顶端,好运之后如下坡的车。所以厄运可以转换成好运,好运必定会转换成厄运。所以圣人忧虑好运不忧虑厄运。厄运容易振作,好运却难以持久。

节文①度数②,圣人之所以防肆也。伪礼文③不如真爱敬,真简率不如伪礼文。伪礼文犹足以成体,真简率每至于逾闲④。伪礼文流而为象恭⑤滔天,真简率流而为礼法扫地。七贤八达,简率之极也,举世牛马而晋因以亡。近世士风崇尚简率,荡然无检,嗟嗟,吾莫知所终矣。

〔注释〕

①节文:制定礼仪,使行之有度。
②度数:标准,规则。
③礼文:礼乐仪制。
④逾闲:越出法度。
⑤象恭:貌似恭敬。

〔译文〕

制定礼仪规范,这是圣人用来防止肆意妄为的。虚假的礼乐仪制不如真心的喜爱敬重,真实的简慢轻率不如虚假的礼乐仪制。虚假的礼乐仪制尚且足够形成体制规矩,真实的简慢轻率每每总是越出法度。虚假的礼乐制度看上去恭敬,真实的简慢轻率是丢光礼法。竹林七贤和八达之实是相当简慢轻率的,举世如牛马而晋因此灭亡。现在的士人推崇简率之风,全然不知检点,唉!唉!我不知道最终会是什么样子。

六合是个情世界,万物生于情死于情。至人无情,圣人调情,君子制情,小人纵情。

〔译文〕

天地间本就是个感情的世界,万物生于情死于情。至人无情,圣人调节情感,君子约束情感,小人放纵情感。

圣 贤

尧、舜功业如此之大,道德如此之全,孔子称赞不啻[①]口出。在尧、舜心上有多少缺然不满足处!道原体不尽,心原趁不满,势分不可强,力量不可勉,圣人怎放得下?是以圣人身囿于势分、力量之中,心长于势分、力量之外,才觉足了,便不是尧、舜。

〔注释〕

①啻(chì)：但，只。

〔译文〕

尧和舜的功业如此之大，道德如此之全，孔子对他们赞不绝口。在尧、舜心里有多少感觉缺失不满足的地方！道原本体悟不尽，心原本的追求满足不了，权势地位不可以强求，力量不可以勉强，圣人如何放得下呢？所以如果圣人的身份局限于权势地位力量之中，心在权势地位力量之外，才觉得足够，就不是尧、舜了。

圣人不强人以太难，只是拨转他一点自然底肯心。

〔译文〕

圣人不强人所难，只是让对方产生一点儿心甘情愿。

日之于万形也，鉴①之于万象也，风之于万

籁②也,尺度权衡之于轻重长短也,圣人之于万事万物也,因其本然,付以自然,分毫我无所与焉,然后感者常平,应者常逸。喜亦天,怒亦天,而吾心之天如故也。万感勖勷③,众动㸃轕④,而吾心之天如故也。

〔注释〕

①鉴:镜子。
②万籁:各种声响。
③勖(kuāng)勷(ráng):急迫不安的样子。
④㸃(jiāo)轕(gé):交错杂乱。

〔译文〕

日光对于万种形态,镜子对于万种形象,风对于各种声响,尺度权衡对于轻重长短,圣人对于万事万物,因循着它们的本性,交付给自然,我一丝一毫都不参与,这之后感受者常常平静,响应者常常闲适。喜悦也源自自然,愤怒也源自自然,而我心的自然也是一如往常。各种急迫不安,各种杂乱交错,而我心的自然也是一如往常。

平生无一事可瞒人,此是大快乐。

〔译文〕

平生没有一件事可以隐瞒他人,这是一件大快乐。

尧、舜虽是生知安行①,然尧、舜自有尧、舜工夫学问。但聪明睿智,千百众人,岂能不资见闻,不待思索?朱文公云:"圣人生知安行,更无积累之渐。"圣人有圣人底积累,岂儒者所能测识哉?

〔注释〕

①生知安行:"生而知之、安而行之"之省。出自《礼记·中庸》,生来就知道天下通行的大道,从容安然地实现天下的大道。古人认为这是圣人具有的资质。

〔译文〕

尧、舜虽然是生而知之、安而行之的圣人,但是尧、舜自有尧、舜的功夫学问。他们的聪明睿智超过众人千百倍,做事怎么可能不依靠见闻,不假思索?朱熹说:

"圣人生知安行,更无积累之渐。"圣人有圣人的积累,这岂是儒者能够预测识别的?

周子谓:"圣可学乎？曰无欲。"愚谓圣人不能无欲,七情中合下①有欲。孔子曰:"己欲立欲达。"孟子有云:"广土众民,君子欲之。"天欲不可无,人欲不可有。天欲,公也；人欲,私也。周子云圣无欲,愚云不如圣无私。此二字者,三氏之所以异也。

〔注释〕

①合下:当初,原先。

〔译文〕

周敦颐说:"圣人是可以学习的吗？最需要学习的是无欲。"我认为圣人不能没有欲望,七情中原本就有欲望。孔子说:"己欲立而立人,己欲达而达人。"孟子说:"广土众民,君子欲之。"天欲不可无,人欲不可有。天欲是为公,人欲是为私。周敦颐说的圣人无欲,我以为不如说圣人无私。究竟是无私还是无欲,这是儒、释、道的区别。

圣人没自家底见识。

〔译文〕

圣人没有自己的见识。

对境忘情,犹分彼我,圣人可能入尘不染,则境我为一矣。而浑然无点染,所谓"入水不溺,入火不焚",非圣人之至者不能也。若尘为我役,化而为一,则天矣。

〔译文〕

面对美好环境忘记了自我的存在,这种情况还能分出哪个是环境哪个是自我,圣人可能做到身入尘世却不沾染,这种就是境我合一了。浑然一体无任何沾染,所谓的"入水不溺,入火不焚",这种境界如果不是至高的圣人是做不到的。如果尘世能被我役使,与我合而为一,那就是天了。

圣人学问只是人定胜天。

〔译文〕

圣人的学问就只是人定胜天。

圣人之私,公;众人之公,私。

〔译文〕

圣人的私欲是为公;大众的公心是为私。

圣人无夜气①。

〔注释〕

①夜气:儒家认为的晚上静思产生的良知善念。

〔译文〕

圣人无夜气。

"衣锦尚䌹"①,自是学者作用,圣人无尚。

〔注释〕

①衣锦尚䌹(jiǒng)：锦衣外面再加上麻纱罩衣，以掩盖其华丽。比喻不炫耀于人。

〔译文〕

锦衣外面再加上麻纱罩衣，这是学者的做法，圣人不这样。

圣王不必天而必我，我之天定，而天之天随之。

〔译文〕

道德高尚的帝王不要求天而是要求自我，只要自己做到了，天的眷顾也会随之而来。

生知之圣人不长进。

〔译文〕

天生的圣人是不会长进的。

学问到孔子地位才算得个通,通之外无学问矣。

〔译文〕

学问要到孔子的那个程度才能算是通达,通达之外就没别的学问了。

品　藻

独处看不破,忽处看不破,劳倦时看不破,急遽仓卒时看不破,惊忧骤感时看不破,重大独当时看不破,吾必以为圣人。

〔译文〕

独处的时候看不出什么问题,疏忽的时候看不出什么问题,疲劳倦怠的时候看不出什么问题,急迫仓促的时候看不出什么问题,惊惶忧虑突发紧急的时候看不出什么问题,独当一面承担大事的时候看不出什么问题,这种情况下,我必定以为他是圣人。

圈子里干实事，贤者可能；圈子外干大事，非豪杰不能。或曰："圈子外可干乎？"曰："世俗所谓圈子外，乃圣贤所谓性分①内也。人守一官，官求一称，内外皆若人焉，天下可庶几②矣，所谓圈子内干实事者也。心切忧世，志在匡时，苟利天下，文法所不能拘；苟计成功，形迹所不必避，则圈子外干大事者也。识高千古，虑周六合，挽末世之颓风，还先王之雅道，使海内复尝秦汉以前之滋味，则又圈子以上人矣。世有斯人乎？吾将与之共流涕矣。乃若硁硁③狃④众见，惴惴循弊规，威仪文辞灿然可观，勤慎谦默居然⑤寡过⑥，是人也，但可为高官耳，世道奚赖焉？"

〔注释〕

①性分：天性，本性。

②庶几：差不多，近似。

③硁（kēng）硁：浅陋固执。

④狃（niǔ）：因袭，拘泥。

⑤居然：安然，安稳。

⑥寡过:少犯错误。

[译文]

　　在圈子里做实事,贤能的人就可以;在圈子外做大事,就必须要英雄豪杰才可以。有人问:"圈子外面的事可以干吗?"我回答说:"世俗所谓的圈子外,就是圣贤所谓的本性内。人们担任一个官职,就应当尽忠职守,随处都是这样的人,天下差不多都是这样,这就是所谓的在圈子内干实事的人。内心急切地忧虑世间,志向在于挽救时局,倘若对天下有利,法律条文也无法制约;倘若只计较成功,行迹也不用避讳,这就是所谓的圈子外干大事的人。见识很高,思虑周全,挽救末世颓丧风气,恢复先王雅正大道,使天下人又能感受到秦汉之前的状态,这又是圈子以上的人了。世间有这样的人吗?我将与他一同为这个世道悲恸。至于固执地拘泥于众人见解,惴惴不安地遵循有弊端的旧规,看上去威仪文辞灿然可观,勤谨谦卑少言安稳少过错,这样的人,只可以做高官,世道怎能依赖他们呢?"

　　世之颓波,明知其当变,狃于众皆为之而不敢动;事之义举,明知其当为,狃于众皆不为而不敢动,是亦众人而已。提抱①之儿得一果饼未敢辄食,母尝之而后入口,彼不知其可食与否也。既知之矣,犹以众人为行止,可愧也夫。惟英雄豪杰不徇习以居非,能违俗而任道,夫是之谓独复。呜呼!此庸人智巧②之士所谓生事而好异者也。

〔注释〕

①提抱:借指婴幼儿。
②智巧:计谋与巧诈。

〔译文〕

世间颓丧的风气,明知它应当改变,但拘泥于众人都那样所以不敢变动;符合道义的事情,明知应当去做,但拘泥于众人都不做所以也不敢动,这也是众人中的一员罢了。小婴儿得到果饼不敢马上就吃,母亲尝过之后才入口,是因为他不知果饼是否能吃。既然已经知道能吃,依然以众人的行为为自己行动的依准,真是让人羞愧啊。只有英雄豪杰不因循旧习处于被非议的状态,能违背俗世规矩而肩负重任,这就是所谓的独立复道。唉!这是庸碌和巧诈之人所谓的爱生事爱标新立异的人啊！

体解神昏、志消气沮,天下事不是这般人干底。攘臂抵掌,矢志奋心,天下事也不是这般人干底。干天下事者,智深勇沉、神闲气定。有所不言,言必当;有所不为,为必成。不自好而露才,不轻试以幸功,此真才也,世鲜识之。近世惟前二种人,乃互相讥,识者胥①笑之。

〔注释〕

①胥:皆,都。

〔译文〕

身体懈怠心神昏沉,意志消沉心气沮丧,天下的事情不是这般人干的。激动兴奋,立誓发愤,天下的事情也不是这般人干的。干天下事的人智深勇沉、神闲气定。他们有的话不说,凡是所说必定是应当说的;有的事不做,凡是所做的必定成功。不自以为是而显露才能,不轻易尝试以求侥幸成功,这种是真才,世人很少认识到。现在世上只有前两种人,他们互相讥讽,有见识的人都觉得他们可笑。

山林处士常养一个傲慢轻人之象，常积一腹痛愤不平之气，此是大病痛。

〔译文〕

山林隐居之人经常养成一个傲慢轻人的形象，常常积攒一肚子痛愤不平之气，这是大毛病。

天之生人，虽下愚亦有一窍之明，听其自为用而极致之，亦有可观，而不可谓之才。所谓才者，能为人用，可圆可方，能阴能阳，而不以己用者也。以己用皆偏才也。

〔译文〕

上天让人诞生，哪怕是极愚蠢的人也会有一点儿聪明之处，听任他自己运用到极致，也是很可观的，但不能说是人才。所谓人才，能够为他人所用，可圆可方，能阴能阳，但不是为自己所用。为自己所用的都是偏才。

知其不可为而遂安之者,达人智士之见也;知其不可为而犹极力以图之者,忠臣孝子之心也。

〔译文〕

知道事情不可做于是就安于现状的,是达人智士的见识;知道事情不可做但仍然尽力去图谋的,是忠臣孝子的用心。

初开口便是煞尾①语,初下手便是尽头着,此人大无含蓄,大不济事,学者戒之。

〔注释〕

①煞尾:最后的收尾。

〔译文〕

一开口就是结束语,一下手就是尽头处,这样的人毫无含蓄可言,太不能成事,学者应当以此为戒。

今之论人者,于辞受,不论道义,只以辞为

是,故辞宁矫廉而避贪爱之嫌。于取与,不论道义,只以与为是,故与宁伤惠而避吝啬之嫌。于怨怒,不论道义,只以忍为是,故礼虽当校而避无量之嫌。义当明分,人皆病其谀,而以倨傲矜陵为节概。礼当持体,人皆病其倨,而以过礼足恭为盛德。惟俭是取者,不辩礼有当丰。惟默是贵者,不论事有当言。此皆察理不精,贵贤知而忘其过者也。噫!与不及者诚有间矣,其贼道均也。

[译文]

　　如今品评别人的人,对于别人的馈赠是推辞还是接受,不会去考虑是否合乎道义,只单纯地认为推辞就是正确的,所以宁可过分推辞显示清廉来避免有贪爱的嫌疑。对于获取还是给予,不会去考虑是否合乎道义,只单纯地认为给予就是正确的,所以宁可给予到有损实惠来避免吝啬的嫌疑。对于怨恨愤怒,不论是否合乎道义,只认为忍耐就是正确的,所以按礼仪虽然应当校正也不去做来避免没有度量的嫌疑。礼仪应当分明,人们都觉得阿谀奉承是不对的,却以倨傲矜持为操守和气概。礼节应当得体,人们都觉得倨傲是不对的,却以过度的礼仪谦恭为高尚品德。认为只有节俭是可取的,不辨别按照礼仪有时应当丰盛。认为只有沉默是可贵的,不论按具体事情来说有时需要开口发声。这些都是对是否合理体察不精准,以贤智为贵但忘了它们过度了。唉!超过和不及确实是有区别的,但它们对道的危害是一样的。

乡原[1]是似不是伪,孟子也只定他个"似"字。今人却把"似"字作"伪"字看,不惟欠确,且末减了他罪。

〔注释〕

[1]乡原(yuàn):乡里貌似忠厚、实则与流俗合污的伪善者。原,同"愿",谨厚貌。

〔译文〕

乡愿表现出来的是与忠厚相似,不是伪装,孟子也只定他个"似"字。如今的人却把相似看成伪装,不单单是欠缺准确,而且也减少了他的罪过。

不当事不知自家不济。才随遇长,识以穷精。坐谈先生只好说理耳。

〔译文〕

不遇到事情不知道自己不行。才能随着遭遇的事情增长,见识因为锲而不舍得以精进。坐在那里只说不干的理论家只能空谈道理罢了。

沉溺了,如神附,如鬼迷,全由不得自家,不怕你明见真知,眼见得深渊陡涧,心安意肯底直前撞去。到此翻然①跳出,无分毫粘带,非天下第一大勇不能。学者须要知此。

〔注释〕

①翻然:迅速转变的样子。

〔译文〕

一旦沉溺其中,就仿佛神灵附体,仿佛鬼迷心窍,全然由不得自己,不怕你有真知灼见,眼见是深渊陡涧,也会心甘情愿地直直向前撞上去。到这种地步还能迅速转变跳出去，没有一丝一毫黏滞，不是天下第一大勇士是做不到的。学者需要知道这个道理。

巢父、许由，世间要此等人作甚？荷蒉、晨门、长沮、桀溺，知世道已不可为，自有无道则隐一种道理。巢、由一派有许多人皆污浊尧、舜，哕吐皋、夔，自谓旷古高人，而不知不仕无义，洁一身以病天下，吾道之罪人也。且世无巢、许，不害其为唐、虞。无尧、舜、皋、夔，巢、许也没安顿处，谁成就你个高人？

〔译文〕

巢父、许由，世间要这样的人做什么？荷蒉、晨门、长沮、桀溺这样的隐士，知道世道已经无法改变，便身体力行无道则隐。巢父、许由一派有很多人都认为尧、舜是污浊的，认为皋陶、夔令人恶心呕吐，认为自己是旷古高人，却不知道在无义的时代不入仕途，只一味洁身自好诟病天下，这是我儒家的罪人。而且世上没有巢父、许由这样的人，也不妨害世间成为唐尧、虞舜时那样的盛世。世间若无尧、舜、皋陶、夔，巢父、许由也没有安顿之处，谁来成就你这个高人呢？

而今士大夫聚首时,只问我辈奔奔忙忙、熬熬煎煎,是为天下国家,欲济世安民乎?是为身家妻子,欲位高金多乎?世之治乱,民之死生,国之安危,只于这两个念头定了。嗟夫!吾辈日多而世益苦,吾辈日贵而民日穷,世何贵于有吾辈哉?

〔译文〕

如今士大夫聚在一起的时候,只要问我辈这样奔奔忙忙、熬熬煎煎,是为了天下国家,想要济世安民吗?是为了身家妻儿,想要位高多金吗?世道的治乱,百姓的生死,国家的安危,就在于之前的这两个念头。唉!我们这些人日益增加,世道就会日益辛苦,我们这些人日益富贵,百姓就会日益贫困,世间有我们这些人有什么好处呢?

夫物,愚者真、智者伪;愚者完、智者丧。无论人,即乌之反哺,雉之耿介,鸤鸠均平专一,雎鸠和而不流,雁之贞静自守,驺虞之仁,獬豸[①]之秉正嫉邪，何尝有矫伪哉？人亦然。人之全其天者，皆非智巧者也。才智巧则其天漓矣，漓则其天可夺。惟愚者之天不可夺，故求道真，当求之愚。求不二心之臣以任天下事，亦当求之愚。夫愚者何尝不智哉？愚者之智，纯正专一之智也。

〔注释〕

①獬(xiè)豸(zhì)：中国古代神话传说中的神兽。

〔译文〕

生物当中愚笨的真实，智巧的虚伪；愚笨的保全，智巧的丧命。不要说人类，就算是乌鸦的反哺，山鸡的耿介，布谷鸟的均平专一，雎鸠的和而不流，大雁的贞静自守，驺虞的仁义，獬豸的刚正不阿，哪里有什么矫揉伪装呢？人也是这样。全凭天性成长的人，都不是智巧之徒。刚一智巧天性就背离了，天性一旦背离就会被剥夺。只有愚笨之人的天性不会被剥夺，所以要想寻求正道真实，应当向愚笨之人寻求。寻求忠心不二的大臣来管理天下事，也应当向愚笨之人寻求。愚笨的人哪里是没有智慧呢？愚笨之人的智慧，是纯正专一的智慧。

面色不浮，眼光不乱，便知胸中静定，非久养不能。《礼》曰"俨若思，安定辞"，善形容有道气象矣。

〔译文〕

面色不浮，眼光不乱，就知道心中是沉静镇定，不是长久的修行达不到这样。《礼记》中所说的"恭敬若有所思，言辞沉稳谨慎"，真是对那些有道之人气度形象的很好形容。

道自孔、孟以后，无人识三代以上面目。汉儒无见于精，宋儒无见于大。

〔译文〕

关于道，自孔子、孟子以后，没有人能够识别夏、商、周之前它的面目。汉儒没见其精微，宋儒没见其广博。

有忧世之实心，泫然欲泪；有济世之实才，

施处辄宜。斯人也,我愿为曳履执鞭。若聚谈纸上微言,不关国家治忽;争走尘中众辙,不知黎庶死生,即品格有清浊,均于宇宙无补也。

〔译文〕

有忧世的诚心实意,看到世间事会悲伤欲泪;有济世的真才实学,做什么事情都很得当。这样的人,我愿意为他鞍前马后服务。如果只是聚在一起纸上谈兵,不关心国家治乱;争相按前人脚印奔走,不知道黎民百姓生死,这样的人即使品格有清浊之分别,对于世事也全没什么益处。

任有七难:繁任要提纲挈领,宜综核之才。重任要审谋独断,宜镇静之才。急任要观变会通,宜明敏之才。密任要藏机相可,宜周慎之才。独任要担当执持,宜刚毅之才。兼任要任贤取善,宜博大之才。疑任要内明外朗,宜驾驭之才。天之生人,各有偏长。国家之用人,备用群长。然而投之所向辄不济事者,所用非所长,所长非所用也。

〔译文〕

　　有七种任务很难:烦琐的任务需要提纲挈领,综合能力强的人才合适。重大的任务需要审谋独断,镇定沉静的人才合适。紧急的任务需要观变会通,精明机敏的人才合适。秘密的任务需要藏机相可,周到审慎的人才合适。独立的任务需要担当执持,性格刚毅的人才合适。兼顾的任务需要会任贤取善,心胸博大的人才合适。疑难任务需要内明外朗,有驾驭才能的人才合适。上天让人降临到这个世上,每个人都有自己擅长的。国家用人,要综合使用各种专长的人。然而使用之后才发现不济事的,是因为用的不是别人的长处,别人擅长的没有被使用。

　　小廉曲谨①之士,循途守辙之人,当太平时,使治一方、理一事,尽能奉职。若定难决疑,应卒②蹈险,宁用破绽人,不用寻常人。虽豪悍之魁,任侠之雄,驾御有方,更足以建奇功、成大务。噫!难与曲局者道。

〔注释〕

　　①曲谨:谨小慎微。

②应卒:应急。

[译文]

　　小处廉洁谨小慎微的人,因循旧途墨守陈规的人,在太平年代,让他们治理一方人事,他们一定能够尽心职守。如果需要平定解决疑难,应对突发事件,奔赴险境,宁肯使用有短处的人,不用这种寻常人。他们虽然要么豪悍至极,要么任情侠义,但只要驾驭有方,他们更足以建奇功,成大事。唉！这些难以和那些看不清局面的不正之人说清楚。

　　今之国语乡评①,皆绳人以细行。细行一亏,若不可容于清议。至于大节,都脱略废坠,浑不说起。道之不明亦至此乎？可叹也已！

[注释]

　　①乡评:乡里公众的评论。古代选拔人才的重要依据。

[译文]

　　如今官方品评人才,都以细微行为衡量人。一旦细节做得不好,公众评议就不会容忍。至于宏观大节,哪怕都脱略败坏，全然不会说到。儒家正道的无法彰显也到了这个地步吗？可叹啊！

自中庸之道不明，而人之相病无终已。狷介①之人病和易②者为熟软，和易之人病狷介者为乖戾；率真之人病慎密者为深险，慎密之人病率真者为粗疏；精明之人病浑厚者为含糊，浑厚之人病精明者为苛刻。使质于孔子，吾知其必有公案矣。孔子者，合千圣于一身，萃万善于一心，随事而时出之，因人而通变之，圆神不滞，化裁无端。其所自为，不可以教人者也，何也？难以言传也。见人之为，不以备责也，何也？难以速化也。

〔注释〕

①狷(juàn)介：孤高洁身。
②和易：温和平易。

〔译文〕

自从中庸之道不彰显，人们相互诟病就无休无止了。孤高洁身之人诟病温和平易之人软弱，温和平易的人诟病孤高洁身者乖戾；率真的人诟病谨慎严密的人深沉阴险，谨慎严密的人诟病率真的人粗疏；精明的人诟病浑厚的人含糊，浑厚的人诟病精明的人苛刻。倘若向孔子验证，我知道他一定有公平的判断。孔子集合了千圣于一身，汇聚了万善于一心，根据事情的变化时不时提出见解，根据不同的人有所变通，圆融神通不呆滞，不停变化剪裁。他自己的所作所为不可以教给别人，为什么呢？因为难以言传。看到别人的所作所为，不能求全责备，为什么呢？因为难以迅速改变别人。

告子许大力量，无论可否，只一个不动心，岂无骨气人所能？可惜只是没学问，所谓其至尔力也。

〔译文〕

告子有那么大的力量，不论可否，就只一个不动心，没有骨气的人岂能做得到？可惜告子没有学问，他就是孟子所说的只是依靠力量罢了。

千古一条大路，尧、舜、禹、汤、文、武、孔、孟由之。此是官路、古路,乞人盗跖都有分、都许由,人自不由耳。或曰:"须是跟着数圣人走?"曰:"各人走各人路。数圣人者走底是谁底路?肯实在走,脚踪①儿自是暗合。"

〔注释〕

①脚踪:行踪,脚迹。

〔译文〕

千百年来的这一条正路,尧、舜、禹、商汤、周文王、周武王、孔子、孟子都因循着走。这是官路、古路,乞丐、盗贼都有份儿,都可以走,是人自己不走罢了。有人说:"必须跟着这些圣人的脚步走吗?"我回答说:"各人走各人的路。这些圣人走的是谁的路呢?如果确定实在想走,脚步自然就是暗合。"

得人不敢不然之情易,得人自然之情难。秦汉而后皆得人不敢不然之情者也。

〔译文〕

获得人们的敬畏之情容易,获得人们发自内心的情感难。秦汉之后，得到的都是人们的敬畏之情。

众人但于"义"中寻个"利"字，再没于"利"中寻个"义"字。

〔译文〕

大家都只是想在"义"中寻个"利"字，没有谁在"利"中寻个"义"字。

卷五　书集

治　道

庙堂之上以养正气为先,海宇之内以养元气为本。能使贤人君子无郁心之言,则正气培矣;能使群黎百姓无腹诽之语,则元气固矣。此万世帝王保天下之要道也。

〔译文〕

朝上以养正气为先,天下以养元气为本。能让贤人君子没有话憋在心里,就是正气得到了培育;能让黎民百姓心中没有怨言,就是元气得到了培固。这是千秋万代的帝王能够保有天下的关键。

兴利无太急,要左视右盼;革弊无太骤,要长虑却顾①。

〔注释〕

①却顾:回转头看,反复考虑。

〔译文〕

复兴有利的制度不要太心急,要左顾右盼,周围都顾及;革除弊端不要太突然,要从长计议,不断回头反思。

苟可以柔道①,理不必悻直②也;苟可以无为,理不必多事也。

〔注释〕

①柔道:温和安抚的处世之道或谋略。
②悻直:刚直,固执。

〔译文〕

如果可以温和地处理问题,就不必固执刚直了;如果可以无为,就不必多事了。

为政之道,以不扰为安,以不取为与,以不

害为利,以行所无事①为兴废起弊。

〔注释〕

①行所无事:态度镇定不慌乱。

〔译文〕

治理国家,以不扰民为安民,以不向百姓索取为给予,以不迫害百姓为利民,以百姓安定为振兴。

从政自有个大体①。大体既立,则小节虽抵牾②,当别作张弛,以辅吾大体之所未备,不可便改弦易辙。譬如待民贵有恩,此大体也。即有顽暴不化者,重刑之,而待民之大体不变。待士有礼,此大体也,即有淫肆不检者,严治之,而待士之大体不变。彼始之宽也,既养士民之恶;终之猛也,概及士民之善,非政也,不立大体故也。

〔注释〕

①大体:纲领,有关大局的道理。
②抵牾(wǔ):抵触,矛盾。

〔译文〕

　　处理政事自是有一个总的纲领。纲领既立，细枝末节处虽然有相互矛盾的，也可以另寻或松或紧的变动，用来辅佐弥补纲领的不足，而不是立刻大刀阔斧地改变。比如对待百姓要有恩德，这是总的纲领。即使有顽固不化的暴民，可以对其用重刑，但对待百姓的总的纲领不变。对待士人要有礼，这是总的纲领，哪怕有荒淫不检点的，严厉惩治他们即可，但对待士人的总的纲领不变。如果开始的时候比较宽容，就是放纵士人和百姓人性中的恶；后来又实行苛政，波及士人和百姓中善良的人，这不是为政之道，原因就是没有树立总纲。

　　人情之所易忽，莫如渐①；天下之大可畏，莫如渐。渐之始也，虽君子不以为意。有谓其当防者，虽君子亦以为迂。不知其积重不反之势，天地圣人亦无如之奈何，其所由来者渐也。周、郑交质，若出于骤然，天子虽孱懦甚，亦必有恚②心，诸侯虽豪横极，岂敢生此念？迨积渐所成，其流不觉至是。故步视千里为远，前步视后步为近。千里者，步步之积也。是以骤者举世所惊,渐者圣人独惧。明以烛之,坚以守之,毫发不以假借,此慎渐之道也。

[注释]

①渐:征兆,苗头。
②恚(huì):愤怒,怨恨。

[译文]

　　人情中容易被忽视的莫过于刚有苗头;天下最可怕的莫过于刚有苗头。苗头刚刚开始的时候,即使是君子也不会在意。有人说这事应当有所防备,即使是君子也认为这种想法过于迂腐。不知不觉事情发展到积重难返的态势,天地圣人也无可奈何,这一切都是由刚开始的苗头渐渐累积来的。周王室与郑国交换人质若是突然之间的行为,哪怕天子非常怯懦软弱,也一定会有愤恨之心,诸侯就算豪横至极,又怎么敢产生这样的念头?这形势都是渐渐累积而成的,不知不觉就成了这样。所以说走路的时候看千里以外就觉得远,走了一步看下一步就觉得近。千里的距离,就是一步步累积而来的。所以突然横空出现的事,世间都会觉得震惊,逐渐显露的事只有圣人才会警觉。对那些渐渐发生的事情保持警惕,坚定守护,丝毫不让步,这是谨慎对待事物发生征兆的原则。

君子之于风俗也,守先王之礼而俭约是崇,不妄开事端以贻可长之渐。是故漆器不至金玉而刻镂之不止,黼黻①不至庶人锦绣被墙屋不止。民贫盗起不顾也,严刑峻法莫禁也。是故君子谨其事端,不开人情窦而恣小人无厌之欲。

〔注释〕

①黼(fǔ)黻(fú):绣有华美花纹的礼服。

〔译文〕

君子对待风俗,应该坚守先王之时已有的礼仪,崇尚简单节约,不随意乱起事端而使其渐长。现如今,漆器不雕刻至如金似玉不会停止,华服不成为百姓服饰、不用来装饰房屋墙壁不停止。若百姓贫困,盗贼四起也顾不上,严刑峻法也不能将其禁止。所以君子面对事情刚开端的时候都会比较谨慎,不任人情感萌动,不放纵小人永不满足的欲望。

微者正之，甚者从之，从微则甚，正甚愈甚。天地万物、气化人事，莫不皆然。是故正微从甚，皆所以禁之也。此二帝三王①之所以治也。

〔注释〕

①二帝三王：唐尧、虞舜、夏禹、商汤、周文王（或周武王）。

〔译文〕

本已衰败的事物还想要强行扶正它，已经过头的事物还任凭它发展，任凭衰败发生，事物就会愈加过分；扶正的程度越过度，事态过分的程度越深。天地万物、世事变迁、人情世故，没有哪个不是这个道理。所以想要扶正那些本已经衰败的事物，想要任凭那些已经多度的事物发展，都是被禁止的。这是二帝三王能够开辟盛世的原因。

圣人治天下，常令天下之人精神奋发，意念敛束。奋发则万民无弃业，而兵食足，义气充，平居可以勤国，有事可以捐躯。敛束则万民无邪行，而身家重，名检修。世治则礼法易行，国衰则奸盗不起。后世之民怠惰放肆甚矣,臣民而怠惰放肆,明主之忧也。

〔译文〕

圣人治理天下,经常会令天下的人精神振奋,意念收敛。若精神振奋,百姓们都不会放弃耕种,军队和粮食就会充足,正义之气充盈,平日里可以勤于国事,战乱时可以为国捐躯。若意念收敛,百姓们不会有不好的行为,会看重自己的身份地位,注重自己的名声修养。社会安定礼法就容易推行,国运衰微则奸盗之事不容易发生。后世百姓怠惰放肆太过了,臣子和百姓都这样,这是明君的忧患。

只有不容已①之真心,自有不可易之良法。其处之未必当者,必其思之不精者也。其思之不精者,必其心之不切者也。故有纯王之心,方有纯王之政。

〔注释〕

①不容已:不受约束,不受限制。

[译文]

只要有不受约束的真心,自然会有不用改变的好办法。但凡处理得不恰当的事情,必然是思考得不够精细。思考得不精细,必定是用心不够真诚。所以要先有仁义治天下的真心,才会有仁义治天下的政令。

为人上者,只是使所治之民个个要聊生,人人要安分,物物要得所,事事要协宜,这是本然职分。遂了这个心,才得畅然一霎欢,安然一觉睡。稍有一民一物一事不妥帖,此心如何放得下?何者?为一郡邑长,一郡邑皆待命于我者也;为一国君,一国皆待命于我者也;为天下主,天下皆待命于我者也。无以答其望,何以称此职?何以居此位?夙夜①汲汲②图维③之不暇,而暇于安富尊荣之奉,身家妻子之谋,一不遂心,而淫怒是逞耶?夫付之以生民之寄,宁为盈一己之欲哉?试一反思,便当愧汗④。

[注释]

①夙夜:朝夕,日夜。

②汲汲：心情急切貌。

③图维：谋划，考虑。

④愧汗：因羞愧而出汗。

〔译文〕

　　身居高位的人，是要使自己治理的百姓个个能够生活，每个人都要安分守己，每件物品都能尽得其用，每件事情都能协调得宜，这是身居高位者的本分。只有做到了这些，才能得到心情畅快的一时欢愉，安然地睡一觉。一旦稍微有一民一物一事处理得不够妥帖，这颗心如何能够放得下？为什么会这样呢？因为身为一个郡邑的长官，整个郡邑的百姓都听从于我的管理；身为一国之君，整个国家的百姓都听从于我的管理；身为天下之主，全天下的百姓都听从于我的管理。没有办法满足百姓的愿望，还谈什么称职呢？还凭什么身居此位呢？整日里急急忙忙考虑事情还应接不暇，哪里还顾得上享受荣华富贵，哪里还顾得上为自己身家妻儿谋划，哪里能一不遂心就大逞淫威呢？百姓将希望寄托在我身上，难道是为了满足自己的私欲吗？但凡一这样反思，就应当羞愧至极。

尧、舜无不弊之法,而恃有不弊之身,用救弊之人以善天下之治,如此而已。今也不然,法有九利,不能必其无一害。法有始利,不能必其不终弊。嫉才妒能之人,惰身利口之士,执其一害终弊者讪笑之。谋国不切而虑事不深者,从而附和之,不曰"天下本无事,安常袭故①何妨",则曰"时势本难为,好动喜事何益"。至大坏极弊,瓦解土崩,而后付之天命焉。呜呼!国家养士何为哉?士君子委质②何为哉?儒者以宇宙为分内何为哉?

〔注释〕

①安常袭故:习惯并沿袭成规。
②委质:向君主献礼,表示献身。引申为臣服、归附。

〔译文〕

尧、舜没有毫无弊端的法令,只是依仗自己没有私念的心,用能够挽救弊病的人来完善天下的治理,如此而已。如今就不是这样了,法令哪怕有九分益处,也不能确定它没有一分危害。法令开始的时候是有益的,也不能确定它到终点的时候没有弊端。那些嫉才妒能、懒惰逞口舌之快的人，盯着那一分的危害和最终的弊端讥笑制定法令的人。那些谋划国家政令不切实际、考虑事情不深远的人，就附和着一起讥笑别人，要么说"天下本来没什么事，就沿用并承袭以前的规矩又何妨"，要么说"时势本来就很难，规矩变来变去的有什么好处"。等坏到了极致，形势土崩瓦解，又把一切归于天命。唉！国家养士人究竟是为什么呢？士君子臣服于国家又是为了什么呢？儒者以天下为己任又是为了什么呢？

后世无人才，病本只是学政①不修。而今把作万分不急之务，才振举这个题目，便笑倒人。官之无良，国家不受其福，苍生且被其祸。不知当何如处。

〔注释〕

①学政：教育工作。

〔译文〕

后世没有人才，根本原因是教育工作做得不够。如今把教育工作看作不那么紧急的事务，才有人提出振兴教育,就被人笑话。官吏无良,国家得不到益处,百姓也要被牵连。不知面对这种情况该如何处理。

无治人①,则良法美意反以殃民;有治人,则弊习陋规皆成善政。故有文武之政,须待文武之君臣。不然,青萍、结绿非不良剑也;乌号、繁弱非不良弓矢也,用之非人,反以资敌。予观放赈、均田、减粜、检灾、乡约、保甲、社仓、官牛八政而伤心焉。不肖有司,放流有余罪矣。

〔注释〕

①治人:治理国家的人才。

〔译文〕

如果没有治理国家的人才,即使有好的方法、好的愿望,反而会殃及百姓;有了治理国家的人才,哪怕是弊习陋规都能成为善政。所以,想要有文王、武王的政绩,必须有文王、武王的君臣关系。不然的话,青萍、结绿都是良剑,乌号、繁弱都是良弓,但如果没有合适的人来使用,反而是帮助了敌人。我观察放赈、均田、减粜

（tiáo）、检灾、乡约、保甲、社仓、官牛这八项政令而感到伤心。那些不肖官吏，哪怕被流放也还是不够啊。

　　一呼吸间，四肢百骸无所不到；一痛痒间，手足心知无所不通，一身之故也。无论人生，即偶，提一线而浑身俱动矣，一脉之故也。守、令者，一郡县之线也。监、司者，一省路之线也。君、相者，天下之线也。心知所及，而四海莫不精神；政令所加，而万姓莫不鼓舞者何？提其线故也。令一身有痛痒而不知觉，则为痴迷之心矣。手足不顾，则为痿痹之手足矣。三代以来，上下不联属久矣，是人各一身，而家各一情也。死生欣戚不相感，其罪不在下也。

〔译文〕

　　一呼一吸之间，气息流遍身体的每一个角落；一痛一痒之间，手足心脑都会感受到，这是同一个身体的缘故。人，即使是木偶，提一线全身都会跟着动，这是同一条主线相连的缘故。郡守、县令，是一郡一县的主线。监、司，是一省一路的主线。君王、丞相，是天下的主线。

心脑能够企及之处,则全天下都会为之振奋;政令可以抵达之处,百姓都会感到鼓舞,为什么呢?主线被牵动了的缘故。让身上有痛痒但自己却觉察不到,这是心脑痴迷了。手足动得不顺畅的话,是手足痿痹了。三代以来,上下不相互关联已经很久了,是人人只顾自身、家家只顾自己的缘故。生死悲欢都互不关心,罪责不在下层百姓。

夫民怀敢怒之心,畏不敢犯之法,以待可乘之衅。众心已离,而上之人且恣其虐以甚之,此桀、纣之所以亡也。是以明王推自然之心,置同然之腹,不恃其顺我者之迹,而欲得其无怨我者之心。体其意欲而不忍拂,知民之心不尽见之于声色,而有隐而难知者在也。此所以固结深厚,而子孙终必赖之也。

〔译文〕

民众心中怀有愤怒,畏惧法律不敢犯乱,只是在等待可乘之机。民心已背离,统治者还恣意肆虐使民心背离更甚,这是桀、纣亡国的原因。所以圣明的君王以至诚待人,不是只看别人顺从我的表象,而是想要得到对方对自己无怨恨的心。体会到他人的意愿且不忍心违背,知道民众的心愿不会完全显露,肯定会有隐晦且很难知晓的。这是圣明的君王之所以深得民心,而子孙后代最终必定要仰赖的。

治世莫先无伪,教民只是不争。

〔译文〕

治理国家没有比不虚伪更重要的了,教化民众只要让他们不争就好了。

势有时而穷。始皇以天下全盛之威力受制于匹夫,何者?匹夫者,天子之所恃以成势者也。自倾其势,反为势所倾。故明王不恃萧墙之防御,而以天下为藩篱。德之所渐,薄海①皆腹心之兵;怨之所结,衽席②皆肘腋之寇。故帝王虐民是自虐其身者也,爱民是自爱其身者也。覆辙满前而驱车者接踵,可恸哉!

〔注释〕

①薄海:到达海边。

②衽(rèn)席:床褥,引申为寝处之所。

[译文]

　　权势有时是会完结的。秦始皇凭借天下全盛的威力却还受制于民众,为什么呢?民众,是天子仰仗得以形成权势的力量。自己仰仗这股力量,反倒被这股力量打倒。所以圣明的君王不会仰仗自己内部的防御,而是会以天下为屏障。德政所影响之处,沿海之地也有心腹可用之兵;仇怨所结之地,卧榻之旁也会有很近的祸患。所以,帝王虐待百姓也就是虐待自己,爱惜百姓也就是爱惜自己。面前全是前车之鉴,后来者还一个接一个犯同样的错误,真是令人心痛啊!

　　如今天下人,譬之骄子,不敢热气,唐突便艴然①起怒。缙绅稍加综核,则曰苛刻;学校稍加严明,则曰寡恩;军士稍加敛戢②,则曰凌虐;乡官稍加持正,则曰践踏。今纵不敢任怨,而废公法③以市恩④,独不可已乎?如今天下事,譬之敝屋,轻手推扶便愕然咋舌。今纵不敢更张,而毁拆以滋坏,独不可已乎?

〔注释〕

①艴(fú)然:恼怒的样子。
②敛戢(jí):收敛。
③公法:国法。
④市恩:以私惠取悦人,讨好。

〔译文〕

如今天下的人,如同娇生惯养的孩子,不敢对他们过于激烈,他们一旦觉得被冒犯就会勃然大怒。对官吏一旦稍加考核,就说是苛刻;对学校一旦纪律稍加严明,就说是寡恩;对军士一旦稍加约束,就说是凌虐;对乡官一旦稍加持正,就说是践踏。现如今纵然不敢要求任劳任怨,但以废除国法来换取私惠,这总是不可以的吧?如今天下的事情,就好比破旧的屋子,轻轻用手一推就让人吓一跳。现如今纵然不敢改弦更张,但拆毁以增加损坏程度,这总是不可以的吧?

"公""私"两字是宇宙的人鬼关。若自朝堂以至闾里只把持得"公"字定,便自天清地宁,政清讼息;只一个"私"字,扰攘得不成世界。

〔译文〕

"公""私"两字是宇宙的人鬼关。若是从朝堂到乡野都能把持住"公"字,那么就会天地安宁,政治清明,没有纷争;如果只有一个"私"字,这个世界就会扰攘得不成样子。

天下之存亡系两字,曰"天命"。天下之去就系两字,曰"人心"。

〔译文〕

天下存亡的关键在天命,天命去留的关键在人心。

圣人联天下为一身,运天下于一心。今夫四肢百骸、五脏六腑皆吾身也,痛痒之微,无有不觉,无有不顾。四海之痛痒,岂帝王所可忽哉?夫一指之疔如粟,可以致人之死命。国之存亡不在耳目闻见时,闻见时则无及矣。此以利害言之耳。一身麻木若不是我,非身也。人君者,天下之人君。天下者,人君之天下。而血气不相通,心知不相及,岂天立君之意耶?

〔译文〕

　　圣人将天下视为一体,一心考量天下之事。如今四肢百骸、五脏六腑都是我的身体,再细微的痛痒,也都能够觉察顾及。四海百姓的疾苦,帝王怎么可以忽视呢?手指上的一个疥疮如同米粒大小,就可以致人以死。国家存亡的关键不在于能看到听到时,能看到听到的时候就晚了。这是从利害关系层面来讲。若身体麻木到好像不是自己的,那么它就已经不是自己的身体了。人君是天下的君主,天下是人君的天下。然而若是血气不相通,心智不相连,岂是上天立君主的意义?

　　三军要他轻生,万姓要他重生。不轻生不能戡乱,不重生易于为乱。

〔译文〕

　　三军将士要轻生死,百姓要重生死。如果军士不轻生死就不能平定叛乱,如果百姓不重生死就容易叛乱。

　　事有知其当变而不得不因者,善救之而已

矣；人有知其当退而不得不用者，善驭之而已矣。

〔译文〕

有些事情明明知道应当改变但却不得不因袭，这是善于挽救罢了；有些人明明知道应当罢免但却不得不任用，这是善于驾驭罢了。

使众之道，不分职守则分日月，然后有所责成而上不劳，无所推委而下不奸。混呼杂命，概怒偏劳，此不可以使二人，况众人乎？勤者苦，惰者逸，讷者冤，辩者欺，贪者饱，廉者饥，是人也，即为人下且不能，而使之为人上，可叹也夫！

〔译文〕

役使众人的方式，不是分职责就是分日期，这之后才能指定专人去完成而在上位者不须劳累，无所推诿而执行的人不偷奸耍滑。如果胡乱指使，乱下命令，对所有人都发脾气，不公平地只一味使唤一部分人，这样的人，连两个人都役使不动，更何况是众人呢？使勤劳者辛苦，懒惰者安逸，木讷者受冤屈，能言善辩者受欺瞒，贪婪者中饱私囊，清廉者忍饥挨饿，这样的人，就算是位居人下都不行，而要让他们位居人上，真的是可叹啊！

弭①盗之末务莫如保甲；弭盗之本务莫如教养。故斗米十钱，夜户不闭，足食之效也。守遗待主，始于盗牛，教化之功也。夫盗，辱名也。死，重法也。而人犹为之，此其罪岂独在民哉？而惟城池是恃，关键是严，巡缉是密，可笑也已。

〔注释〕

①弭(mǐ)：平息。

〔译文〕

平息盗贼、稳定民生的一般措施莫过于保甲制度，根本的措施莫过于加强教育修养。所以一斗米只十钱，夜不闭户，这是粮食充足的效果。守着别人遗失的物品等待失主的人，原本是个偷牛的人，这就是教化的功效。盗，是有辱名声的。死，是重刑严罚。明知是这样人们还要去做盗贼，罪责难道只在百姓身上吗？认为只是仰仗坚固的城池、严守关卡、加强巡查就能平息盗贼，可笑啊。

百姓只干正经事,不怕衣食不丰足。君臣只干正经事,不怕天下不太平。试问百司庶府所职者何官?终日所干者何事?有道者可以自省矣。

〔译文〕

百姓只做正经事,就不怕衣食不丰足。君臣只做正经事,就不怕天下不太平。试问百官各部门,你们担任的是什么职务呢?终日干的是什么事情呢?有道德修养的人可以自我反省了。

人才邪正,世道为之也。世道污隆①,君相为之也。君人者何尝不费富贵哉?以正富贵人,则小人皆化为君子;以邪富贵人,则君子皆化为小人。

〔注释〕

①污隆:升与降,常指世道的盛衰或政治的兴替。

〔译文〕

　　人才的邪正是世道造成的。世道的兴衰是君相造成的。人君何尝不会把富贵给予他人呢？用正当的手段使人富贵，那么小人也会变为君子；以不正当的手段使人富贵，那么君子也会变成小人。

　　满目所见，世上无一物不有淫巧。这淫巧耗了世上多少生成底财货，误了世上多少生财底工夫。淫巧不诛而欲讲理财，皆苟且之谈也。

〔译文〕

　　放眼望去，这世上没有一件事物不透着奇技淫巧。这过度的技艺消耗了世上多少人产生的财富，耽误了多少世上生财的工夫。奇技淫巧不废止而想要去讲理财，都是只图眼前、得过且过的空谈罢了。

　　为政之道，第一要德感诚孚，第二要令行禁止。令不行，禁不止，与无官无政同，虽尧、舜不能治一乡，而况天下乎！

〔译文〕

治理国家的原则,第一是用德行来感化百姓,第二是要让百姓做到令行禁止。面对命令却不执行,面对禁令却不停止,与无官无政是一样的,这种情况下,哪怕是尧、舜都无法治理一乡,更何况是治理天下呢!

印书先要个印板真,为陶先要个模子好。以邪官举邪官,以俗士取俗士,国欲治,得乎?

〔译文〕

印刷书籍的前提是要有个清晰的印版,制作陶器的前提是要有个好的模子。用不好的官员来举荐不好的官员,以庸俗之人来选拔庸俗之人,这种情况下国家想要得到治理,可能吗?

居官只一个快性,自家讨了多少便宜,左右省了多少负累,百姓省了多少劳费。

〔译文〕

担任官职时若能养成一个快速处理事情的性子,那么自家会讨了多少便宜,左右的人会省了多少负累,百姓会省了多少劳碌。

余佐司寇①曰,有罪人情极可恨而法无以加者,司官②曲拟重条,余不可。司官曰:"非私恶也,以惩恶耳。"余曰:"谓非私恶,诚然。谓非作恶,可乎?君以公恶轻重法,安知他日无以私恶轻重法者乎?刑部只有个'法'字,刑官只有个'执'字,君其慎之!"

〔注释〕

①司寇:掌管刑狱、纠察等。
②司官:主管的官员。

〔译文〕

我在刑部任职的时候,有个人所犯的罪行极其可恨,但是根据法律无法再加重判罚,主管的官员打算曲解法条判他重刑,我认为不可以。负责人说:"不是我私人厌恶他,我这么做是为了惩治恶人。"我说:"确实,您不是出于私欲。但要说不是作恶,说不过去。您今天依据大家对他的厌恶程度来决定刑罚的轻重,怎么能够确保他日不会因为个人喜恶来确定刑罚的量刑？刑部工作只讲求一个'法'字，刑部官员只讲求一个'执'字，您一定要慎重！"

滥准、株连、差拘、监禁、保押、淹久、解审、照提，此八者，狱情之大忌也，仁人之所隐也。居官者慎之。

〔译文〕

随意批准，株连他人，随意派差役拘捕、监禁、保押犯人，随意延长拘禁时间，提解至其他地方审查，随意提取犯人，这八种情况，是审理案件的大忌，仁德之人会避免这样做。为官之人要慎重。

德立行成了，论不得人之贵贱、家之富贫、分之尊卑。自然上下格心，大小象指，历山耕夫有甚威灵气焰？故曰："默而成之，不言而信，存乎德行。"

〔译文〕

德行修好了，就不用再去讨论人的贵贱、家境贫富、身份尊卑，自然能够做到上下正心，人人都听指挥。舜原本只是历山一位农夫，哪里有什么与生俱来的威严气焰呢？所以说："默默地成功，不用多说什么人们自然信任你，这主要是因为德行修得好。"

今之用人，只怕无去处，不知其病根在来处。今之理财，只怕无来处，不知其病根在去处。

〔译文〕

如今用人，只顾着怕没有去处，不知道病根在来处。如今理财，只顾着怕没有来处，不知道病根在去处。

居官有五要：休错问一件事，休屈打一个人，休妄费一分财，休轻劳一夫力，休苟取一文钱。

〔译文〕

为官有五件要务应牢记：不要问错一件事，不要屈打成招一个人，不要浪费一分钱财，不要轻易耗费一个劳力,不要任意拿取一文钱。

兵以死使人者也。用众怒,用义怒,用恩怒。众怒仇在万姓也,汤武之师是已。义怒以直攻曲也,三军缟素是已。恩怒感激思奋也,李牧犒三军,吴起同甘苦是已。此三者,用人之心,可以死人之身,非是皆强驱之也。猛虎在前,利兵在后,以死殴死,不战安之?然而取胜者幸也,败与溃者十九。

〔译文〕

士兵是将生命供人役使的。用民众的怒气来激发他,用正义之情来激发他,用恩情来激发他。所谓"众怒"就是指万民都同仇敌忾(kài),商汤和周武王当时的讨伐就是利用了这点。所谓"义怒"就是用正义去攻击非正义,三军身着孝服上战场就是这种情况。所谓"恩怒"就是因为感恩图报而奋勇杀敌,李牧犒赏三军、吴起和将士们同甘共苦,将士们为他们奋勇杀敌说的就是这种情况。这三种情况,收获了将士们的忠心,让他们甘愿拼出性命奋勇杀敌,否则的话,都是勉强驱赶他们上战场罢了。强敌在前,追兵在后,用拼死的态度来对抗死亡,不战怎么可能呢?然而即使这种情况,取胜也只是幸运,败退和被击溃的情况十有八九。

民情甚不可郁也。防以郁水,一决则漂屋推山;炮以郁火,一发则碎石破木。桀、纣郁民情而汤、武通之,此存亡之大机也。有天下者之所夙夜孜孜者也。

〔译文〕

民情千万不能郁结堵塞。如果用堤防来防御洪水,一旦决堤,洪水就会冲走房屋推倒山石;如果用炮火来堵火,炮一炸就会碎石破木。桀、纣使民情郁结而汤、武疏通民意,这是影响到政权存亡的关键。拥有天下的人应该日夜孜孜不倦关注的事情。

卑卑世态,袅袅人情,在下者工不以道之悦,在上者悦不以道之工。奔走揖拜之日多,而公务填委[1];简书酬酢之文盛,而民事罔闻。时光只有此时光,精神只有此精神,所专在此,则所疏在彼。朝廷设官本劳己以安民,今也扰民以相奉矣。

〔注释〕

①填委:堆积。

〔译文〕

卑卑世态,袅袅人情,下级以非正当手段取悦上级,上级对下级的谄媚甘之如饴。官员们或忙着到处拉关系做人情,导致公务堆积,无暇顾及;或忙于应酬交往的书信文字,对百姓的事情不闻不问。时间有限,人的精力也有限,专注于这件事,就会疏忽那件事。朝廷设立职务派遣官员本来是为了让他们做事以安定百姓,如今官员却成了扰民且需要百姓奉养的存在。

"与其杀不辜,宁失不经①",此舜时狱也。以舜之圣,皋陶之明,听比屋可封②之民,当淳朴未散之世,宜无不得其情者,何疑而有不经之失哉?则知五听③之法不足以尽民,而疑狱难决自古有之,故圣人宁不明也而不忍不仁。今之决狱辄耻不明而以臆度之见、偏主之失杀人,大可恨也。夫天道好生,鬼神有知,奈何为此?故宁错生了人,休错杀了人。错生则生者尚有悔过之时,错杀则我亦有杀人之罪。司刑者慎之。

〔注释〕

①不经:不合常法。
②比屋可封:上古之世教化遍及四海,家家都有德行,堪受旌表。
③五听:审查案情的五种方法。听,判断。

〔译文〕

"与其错杀无辜,宁愿犯一些不合常法的过失",这是舜管理刑狱的原则。以舜的圣德,皋陶的英明,面对的是家家都有德行、人人都可受表彰的百姓,身处淳朴未散的世道,应该没有受冤屈的人,为何还怀疑会有不合常法的过失呢?由此可知,依五听之法断案还是不够,难以断决的疑案自古就有,所以圣人宁愿暂时存疑也不忍心错判。现在断案的人动不动就以无法清晰地断决为耻,所以就以自己的主观臆断来判人死刑,这可遗憾了。上天有好生之德,鬼神也是知道的,怎么会这样呢?所以宁愿错判将本该死刑的人放生,也不要错杀。放生了本该死刑的人,被放生者尚且有悔过的时候;而错杀了,判案的人也有了杀人之罪。掌管刑罚的人一定要慎重啊。

  大纛高牙①,鸣金奏管,飞旌卷盖,清道②唱驺③,舆中之人志骄意得矣。苍生之疾苦几何?职业④之修废⑤几何?使无愧于心焉,即匹马单车,如听钧天之乐⑥,不然是益厚吾过也。妇人孺子岂不惊炫,恐有道者笑之。故君子之车服仪从足以辨等威而已,所汲汲⑦者固自有在也。

〔注释〕

  ①大纛(dào)高牙:军中或仪仗队的大旗。比喻声势显赫。
  ②清道:又称净街。清除道路,驱散行人,多为旧时帝王、官员出行时的举动。
  ③唱驺(zōu):旧时显贵出行,随行的骑卒在前面吆喝开道,令行人回避。驺,古代给贵族掌管马车的人。
  ④职业:职务内应做之事。
  ⑤修废:兴复废业。
  ⑥钧天之乐:天上的音乐,仙乐。
  ⑦汲汲:心情急切貌。

[译文]

　　大将出行时旌旗猎猎,锣鼓喧天,开道的人高声吆喝,车中所坐之人得意扬扬。百姓的疾苦有多少?该做的事情做了多少,荒废了多少?只要这些都放在心上问心无愧,即便是一匹马一辆车一个人出巡,也如听到仙乐一样快乐,否则只是增加自己的过错罢了。妇人小孩看到出巡官员这种耀武扬威的样子自然会惊惶炫目,只怕这种行为会被有道之人耻笑。所以君子的车服仪从只要能区分出他的等级威仪就可以了,需要急切追求的东西自然是有的,但不是这些。

　　夫治水者,通之乃所以穷之,塞之乃所以决之也,民情亦然。故先王引民情于正,不裁于法。法与情不俱行,一存则一亡。三代之得天下,得民情也。其守天下也,调民情也。顺之而使不拂,节之而使不过,是谓之调。

[译文]

　　治水,要疏通水流才能杜绝水患,堵塞水流只能使堤坝决堤洪水泛滥,民情也是这个道理。所以先王会用正道引导民情,而不是用法令制裁。法与情是无法并行的,一方存在则另一方必定消亡。三代之所以能够得天下,就是顺应民情的结果。三代能够守得住天下,是调节民情的结果。顺应民情使其不拂逆,节制民情使其不过分,这就是调节。

进贤举才而自以为恩,此斯世之大惑也。退不肖之怨,谁其当之?失贤之罪,谁其当之?奉君之命,尽己之职,而公法废于私恩,举世迷焉,亦可悲矣。

〔译文〕

举荐贤才之后自认为对被举荐者有恩,这真是世间一个相当大的令人迷惑的想法。如果举荐贤才就是有恩的话,那么罢黜不贤之人,被罢黜之人的怨气谁来承担呢?错失了贤才,罪过谁来承担呢?举荐贤才,只是接受君主的命令,尽自己的职责,这本是一件公家依法依规的事,却把它看成私人恩典,真是令世人迷惑,也是可悲的啊。

法多则遁情愈多。譬之逃者，入千人之群则不可觅，入三人之群则不可藏矣。

〔译文〕

法令条文越多，藏匿起来的隐情就越多。比如逃逸者，如果躲藏进一千人的人群中就很难被发现，要是躲藏进只有三个人的人群中就无法藏匿。

笃恭之所发，事事皆纯王，如何天下不平？或曰："才说所发，不动声色乎？"曰："日月星辰皆天之文章，风雷雨露皆天之政令，上天依旧笃恭在那里。笃恭，君子之无声无臭也。无声无臭，天之笃恭也。"

〔译文〕

只要心思笃厚恭敬，那么从这样的心中所想的，事事都会从纯粹王道角度出发考虑，何来天下不公平？有人问："才说心有所想，这算是不动声色吗？"我回答说："日月星辰都是天的文章，风雷雨露都是天的政令，上天依然笃厚恭敬地在那里。笃厚恭敬，这是君子无声无味的一种内化表现。无声无味，就是上天笃厚恭敬的表现。"

无事时惟有丘民①好踩践，自吏卒以上，人人得而鱼肉之。有事时惟有丘民难收拾，虽天子亦无躲避处，何况衣冠②？此难与诵诗读书者道也。

〔注释〕

①丘民：百姓。
②衣冠：代指绅士、士大夫。

〔译文〕

无事的时候只有百姓是容易被踩蹦践踏的，从小吏小卒往上，人人都可以欺压他们。有事的时候只有百姓是难收拾的，哪怕是天子也没有可以避难的地方，更何况士大夫呢？这个道理很难和读书人讲得明白。

盈天地间只靠二种人为命，曰农夫、织妇，却又没人重他，是自戕其命也。

〔译文〕

天地间的所有人只有依靠两种人才能活命,一种是农夫,一种是织妇,但却没有人重视他们,这毫无疑问是自己在戕害自己的性命。

酒之为害不可胜纪也,有天下者不知严酒禁,虽谈教养,皆苟道耳。此可与留心治道者道。

〔译文〕

酒的坏处说都说不清楚,拥有天下的人如果不严厉执行酒禁,哪怕谈论教养,也全都是空谈罢了。这个道理可以和那些用心治理天下的人好好谈一谈。

卷六　数集

人　情

　　一巨卿①还家,门户不如做官时,悄然不乐曰:"世态炎凉如是,人何以堪!"余曰:"君自炎凉,非独世态之过也。平常淡素是我本来事,热闹纷华是我傥来②事。君留恋富贵以为当然,厌恶贫贱以为遭际,何炎凉如之而暇叹世情哉?"

〔注释〕

　　①巨卿:大官。
　　②傥(tǎng)来:意外得来,偶然得到。

〔译文〕

　　一位大官告老还乡,门庭冷清,不如做官的时候热闹,这位大官闷闷不乐地说:"世态炎凉到了如此地步,人怎么承受得了啊!"我说:"您感觉到世态炎凉,这不单单是世态的过错。平平常常、淡然朴素是我们本来应该过的日子,热闹纷乱繁华的日子是偶然得来的。您留恋富贵权势,认为这是理所当然的;厌恶贫穷卑贱,认为这是不好的遭遇,为什么世态如此炎凉而您还有空闲来感叹这世间情势呢?"

两人相非,不破家忘身①不止,只回头认自家一句错,便是无边受用。两人自是,不反面稽唇不止,只温语称人一句好,便是无限欢欣。

〔注释〕

①忘身:奋不顾身,置生死于度外。

〔译文〕

两个人相互攻击,不家破人亡不会停止,其实只要自己认一句错就好了。两个人都自以为是,不吵到翻脸不停止,其实只要礼貌温和地称赞别人一句就好了。

守义礼者,今人以为倨傲;工谀佞者,今人以为谦恭。举世名公达宦,自号儒流,亦迷乱相责而不悟,大可笑也。

〔译文〕

遵守义礼的人,现在的人以为他们是傲慢;善于阿谀奉承的奸佞之人,现在的人以为他们是谦恭。有名望的达官贵人,自称是儒士之流,也对这种情况迷惑不解,他们互相责难而不明白,太可笑了。

朝廷法纪做不得人情,天下名分做不得人情,圣贤道理做不得人情,他人事做不得人情,我无力量做不得人情。以此五者徇人,皆妄也,君子慎之。

〔译文〕

朝廷法纪做不得人情,天下名位身份做不得人情,圣贤道理做不得人情,别人的事情做不得人情,自己没有力量掌握的事情做不得人情。以这五种情况屈从他人,都是虚妄的事情,君子要谨慎。

恕人有六:或彼识见有不到处,或彼听闻有未真处,或彼力量有不及处,或彼心事有所苦处,或彼精神有所忽处,或彼微意^①有所在处。先此六恕,而命之不从,教之不改,然后可罪也已。是以君子教人而后责人,体人而后怒人。

〔注释〕

①微意:隐藏之意。

〔译文〕

有六种情况可以宽恕别人,分别是:或者他的见识不够,或者他的听闻不真,或者他的力量达不到,或者他的心里有所顾忌,或者他的精神有所疏忽,或者他这么做有别的用意。这六种情况先宽恕,但还是不听从命令,教导后仍不改正,这样之后就可以惩戒了。所以君子先教导人,之后才责备人;先体谅人,之后才怪罪人。

人到无所顾惜时,君父之尊不能使之严,鼎镬之威不能使之惧,千言万语不能使之喻,虽圣人亦无如之何也已。圣人知其然也,每养其体面,体其情私,而不使至于无所顾惜。

[译文]

　　人到了没有什么值得他顾惜的时候,君臣父子的阶层威严不能让他受到威慑,残酷刑罚的威慑也不能让他感到恐惧,说再多也不能让他领悟,哪怕是圣人,面对这样的人也不知道该怎么办。圣人知道这个道理,所以每次都会顾及保存别人的体面,体谅别人的私隐,让人不至于到无所顾惜的地步。

　　有二三道义之友,数日别,便相思。以为世俗之念,一别便生;亲厚之情,一别便疏。余曰:"君此语甚有趣,向与淫朋狎友滋味迥然不同,但真味未深耳。孔、孟、颜、思,我辈平生何尝一接,只今诵读体认间,如朝夕同堂对语,如家人父子相依,何者?心交神契,千载一时,万里一身也。久之,彼我且无,孰离孰合,孰亲孰疏哉!若相与而善念生,相违而欲心长,即旦暮一生,济得甚事?"

[译文]

　　有两三个理念相同、互相扶持的好朋友,分开几日就会彼此想念。他们认为世俗的思念,一分开就会产生;而亲厚的情谊,一分开就会疏远。我说:"你们这番话很有意思,与那些酒肉朋友的滋味很不一样,但真味还是不那么深。孔子、孟子、颜回、子思,我辈平生没有与他们真正接触,只是今天在诵读体会他们的思想时,好像日日在同一屋檐下对话,好像家人父子相互扶持,为什么会有这样的感觉呢?因为我们是心灵的契合,哪怕相隔千年也仿佛生存在同一时代,远隔万里也仿佛就在身边。这样久了,彼此没有了区别,哪里还有离合、亲疏之分!如果在一起的时候就善念生,一旦分开就私欲长,这样即使朝朝暮暮一辈子在一起,又有什么用呢?"

受病于平日,而归咎于一旦。发源于脏腑,而求效于皮毛。太仓①之竭也,责穷于囷底。大厦之倾也,归罪于一霖。

〔注释〕

①太仓:古代京师贮藏谷物的大仓。

〔译文〕

疾病是平日累积来的,却要归咎于发病的那一瞬间。头发的强韧源自脏腑,却要从皮毛那里寻求功效。太仓储存的粮食枯竭了,却只问责于囷底。大厦的倾倒,却归罪于一场大雨。

物　理

春夏秋冬不是四个天,东西南北不是四个地,温凉寒热不是四种气,喜怒哀乐不是四张面。

〔译文〕

春、夏、秋、冬不是四个不同的天,东、西、南、北不是四个不同的地方,温、凉、寒、热不是四种不同的气,喜、怒、哀、乐不是四张不同的脸。

临池者不必仰观而日月星辰可知也;闭户者不必游览而阴晴寒暑可知也。

〔译文〕

身处池边的人不用仰视就能看到日月星辰,在屋里的人不必外出游览就能知道阴晴寒暑的变化。

火不自知其热,冰不自知其寒,鹏不自知其大,蚁不自知其小,相忘于所生也。

〔译文〕

火不知道自己是炽热的,冰不知道自己是寒冷的,鹏鸟不知道自己的巨大,蝼蚁不知道自己的渺小,因为他们看不清自己。

大风无声,湍水无浪,烈火无焰,万物无影。

〔译文〕

大风是没有声音的,湍急的水流是没有波浪的,熊熊燃烧的大火看不到火苗,万事万物汇聚在一起就无影无形。

柳炭松弱无力,见火即尽。榆炭稍强,火稍烈。桑炭强,山栗炭更强,皆逼人而耐久。木死成灰,其性自在。

〔译文〕

柳木制成的炭松弱无力,火很容易就烧完了。榆木炭稍微强一点儿,火烧得稍微旺一些。桑木炭耐烧,山栗木炭更耐烧,都是火焰很强烈且持久的。木头烧尽后变成灰烬,但它的性质依然存在。

广　喻

剑长三尺,用在一丝之铦①刃;笔长三寸,用在一端之锐毫,其余皆无用之羡②物也。虽然,使剑与笔但有其铦者锐者焉,则其用不可施。则知无用者,有用之资;有用者,无用之施。易牙不能无爨③子,欧冶不能无砧手,公输④不能无钻厮。苟不能无,则与有用者等也,若之何而可以相病也?

〔注释〕

①铦(xiān):锋利。
②羡:盈余,多出来的。

③爨(cuàn):烧火做饭。

④公输:一作"工输"。即鲁班。

[译文]

剑有三尺长,用的是一丝宽的利刃;笔有三寸长,用的是一端锐利的毫,其余部分都是没什么用处的多余的。哪怕是这样,假设让剑和笔只有其锋利尖锐的部分,那么它们的用处也是没办法施展的。由此可知,看似无用的东西其实是有用的部分可以发挥作用的前提,有用的部分是依靠无用的部分来发挥功用的。易牙作为一个善于烹饪的人不能没有帮厨,欧冶子作为一个善于铸剑的人不能没有锻造的帮手,公输般善于做木匠活不能没有钻工帮手。既然这些都是不能缺少的,那么它们就和有用的部分同等重要,为什么还能认为是多余的无用的呢?

着味非至味也,故玄酒①为五味②先;着色非至色也,故太素为五色主;着象非至象也,故无象为万象母;着力非至力也,故大块③载万物而不负;着情非至情也,故太清④生万物而不亲;着心非至心也,故圣人应万事而不有。

〔注释〕

①玄酒:古代祭祀时当酒用的清水。
②五味:酸、甜、苦、辣、咸。
③大块:大自然,大地。
④太清:天道,自然。

〔译文〕

有味道并不是最好的味道,所以无味的清水为五味之先;有颜色并不是最美的颜色,所以无色是五色之主;有形象并不是最好的形象,所以无形是万物之母;有力并不是最强大的力量,所以大地承载万物却仿佛没有负担什么;有情并不是至深情感,所以天地生万物却并不亲昵;有心并不是最用心,所以圣人应对万物看似不经意一样。

凡病人面红如赭、发润如油者不治,盖萃一身之元气血脉尽于面目之上也。呜呼!人君富,四海贫,可以惧矣。

〔译文〕

但凡病人面红如赭,发润如油的,就基本治不好了,因为他一身的元气血脉全部都集中在面目上了。唉!就好比人君富,四海贫,这是令人惧怕的。

风之初发于谷也,拔木走石,渐远而减,又远而弱,又远而微,又远而尽,其势然也。使风出谷也,仅能振叶拂毛,即咫尺不能推行矣。京师号令之首也,纪法不可以不振也。

〔译文〕

风刚从山谷吹出来的时候,能够拔起树木卷走石头,渐渐吹远了风力就会减少,再远一点儿就更弱一些,再远就极细微,再远风力就消失了,风力的走势就是这样的。假如风刚从山谷吹出来的时候仅仅能吹动树叶和毛屑,那么没吹多远就没什么力量了。京师是国家号令颁布的地方,纲纪法令不能不强劲有力。

背上有物,反顾千万转而不可见也。遂谓人言不可信,若必待自见,则无见时矣。

〔译文〕

背上有的东西,回头千万次也无法看见。如果这样就说人言不可信,若想信必须自己亲眼见到才行,那么永远也没有可以亲见的时候了。

毫厘之轻,斤钧①之所借以为重者也;合②勺之微,斛斗③之所赖以为多者也;分寸之短,丈尺之所需以为长者也。

〔注释〕

①钧:古代重量单位,三十斤为一钧。
②合:旧时的容量单位,一升的十分之一,十勺为一合。
③斛斗:容量单位,十升为斗,十斗(南宋末年改为五斗)为斛。

〔译文〕

极其细微轻巧的事物,几十斤的重物也是凭借它们积累重量,一勺一合的微量事物,一斛一斗那么多的事物也是仰赖它们积累容量,一分一寸短小的事物,一丈一尺的事物也是需要它们积累长度。

长戟利于锥,而戟不可以为锥;猛虎勇于狸,而虎不可以为狸。用小者无取于大,犹用大者无取于小,二者不可以相消也。

〔译文〕

长戟比锥子锋利,但是长戟却不能当锥子使用;猛虎比狸猫勇猛,但是猛虎却不可能是狸猫。需要用小的东西的时候就没必要用大的,如同需要用大的东西的时候就不能用小的,二者是不可以相互讥讽的。

鉴不能自照,尺不能自度,权[1]不能自称,囿于物也。圣人则自照、自度、自称,成其为鉴、为尺、为权,而后能妍媸、长短、轻重天下。

〔注释〕

[1]权:秤。

〔译文〕

镜子不能自己照自己,尺子不能自己度量,秤不能自称重量,这是事物局限于自身的原因。圣人可以自己映照,自己度量,自己称量,成为自己的镜子、尺子和秤,这之后才可以衡量出天下的美丑、长短、轻重。

苍松古柏与夭桃秾李争妍,重较①鸾镳②与冲车③猎马争步,岂直不能,亦可丑矣。

〔注释〕

①重(chóng)较(jué):古代卿士乘坐的车子。
②鸾镳(biāo):系鸾铃的马衔。
③冲车:古代用于冲城攻坚的车。

〔译文〕

苍松古柏与妖艳浓烈的桃树李树争艳,重较鸾镳与冲车猎马争步,岂止是不能比,简直是令人汗颜的事。

锁钥各有合,合则开,不合则不开。亦有合而不开者,必有所以合而不开之故也。亦有终日开,偶然抵死不开,必有所以偶然不开之故也。万事必有故,应万事必求其故。

〔译文〕

锁头和钥匙各有相合配对,相合就能开,不合就开不了。也有相合但是打不开的,那必定是有相合但打不

外 篇 | 253

开的缘故。也有终日能开,但突然怎么也打不开的,那必定是有突然打不开的缘故。万事万物必定有其缘故,所以应对万事万物必定要寻求其缘故。

窗间一纸,能障拔木之风;胸前一瓠,不溺拍天之浪。其所托者然也。

〔译文〕

窗间糊上纸,哪怕是可以把树木拔起的狂风也能被抵挡得住。胸前放一个葫芦,哪怕身处巨浪滔天的大水之中也不会沉溺。这都是有所依托的缘故。

人有馈一木者,家僮曰:"留以为梁。"余曰:"木小不堪也。"僮曰:"留以为栋。"余曰:"木大不宜也。"僮笑曰:"木一也,忽病其大,又病其小。"余曰:"小子听之,物各有宜用也,言各有攸当也,岂惟木哉!"他日为余生炭,满炉烘人,余曰:"太多矣。"乃尽湿之,留星星三二点,欲明欲灭。余曰:"太少矣。"僮怨曰:"火一也,既嫌其多,又嫌其少。"余曰:"小子听之,情各有所适也,事各有所量也,岂惟火哉!"

[译文]

有人馈赠了一根木头,家僮说:"可以留下来做房梁。"我说:"木头太小了,做不了房梁。"家僮说:"那就留下来做房脊。"我说:"木头太大了,也不合适做房脊。"家僮笑着说:"这就是一根木头,你一会儿嫌弃它大,一会儿嫌弃它小。"我说:"小子你听好了,每个物品都有它适合用的地方,语言也各自有恰当自得之处,岂只是木头呢!"后来有一日家僮为我烧炭生火,满炉的炭热气烘人,我说:"炭太多了。"于是家僮把炭尽数全浇灭了,只留下星星点点两三个火星,要灭不灭的样子。我说:"炭太少了。"家僮抱怨说:"火炉就这么一个,你一会儿嫌弃炭多,一会儿嫌弃炭少。"我说:"小子你听好了,每个事情都有自己适应的情形,事情根据不同情况有不同衡量,岂只是炉火呢!"

海,投以污秽,投以瓦砾,无所不容;取其宝藏,取其生育,无所不与。广博之量足以纳触忤而不惊;富有之积足以供采取而不竭。圣人者,万物之海也。

〔译文〕

　　将脏东西、碎石瓦砾投入大海里,大海什么都能包容;在大海里获取宝藏,获取海中生长的东西,大海什么都能给予人类。大海的广博使它可以容纳触犯、忤逆它的东西却并不惊慌,大海的富有令它可以让人类尽情采取而不枯竭。所谓圣人,就是万物的大海。

　　人未有洗面而不闭目,撮红而不虑手者,此犹爱小体也。人未有过檐滴而不疾走,践泥涂而不揭足者,此直爱衣履耳。七尺之躯顾不如一履哉?乃沉之滔天情欲之海,拼于焚林暴怒之场,粉身碎体甘心焉而不顾,悲夫!

〔译文〕

　　人没有洗脸时不闭眼的,没有手上沾染了颜色还不洗手的,这是爱护身体的一小部分。人没有路过滴水的屋檐时还不快步走过的,没有踩在泥泞土地上还不抬起脚的,这只是爱护自己的衣衫鞋袜。堂堂七尺之身躯还不如一只鞋子吗?沉溺在滔天的情欲之海,拼搏于焚林暴怒之场,哪怕粉身碎骨也心甘情愿,可悲啊!

左手画圆,右手画方,是可能也。鼻左受香,右受恶;耳左听丝,右听竹;目左视东,右视西,是不可能也。二体且难分,况一念而可杂乎?

〔译文〕

左手画圆,右手画方,这种可能性是有的。左边鼻孔闻香气,右边鼻孔闻臭气;左耳听丝弦之声,右耳听箜竹之声;左眼看东边,右眼看西边,这些是不可能的。人体这种成对的器官尚且难以区分做事,更何况一个念头呢,怎么可能杂乱?

掷发于地,虽乌获①不能使有声;投核于石,虽童子不能使无声。人岂能使我轻重哉?自轻重耳。

〔注释〕

①乌获:大力士。

[译文]

把头发丢在地上,即使是乌获那样的大力士也没办法使它发出声响;把核桃扔在石头上,就算是孩童也不可能使其不发出声响。其他人怎么可能决定我的轻重呢?是自己决定自己的轻重罢了。

泽潞之役,余与僚友并肩舆①。日莫②矣,僚友问舆夫:"去路几何?"曰:"五十里。"僚友怃然③。少间又问:"尚有几何?"曰:"四十五里。"如此者数问,而声愈厉,意迫切不可言,甚者怒骂。余少憩车中,既下车,戏之曰:"君费力如许,到来与我一般。"僚友笑曰:"余口津且竭矣,而咽若火,始信兄讨得便宜多也。"问卜筮者亦然。天下岂有儿不下迫而强自催生之理乎?大抵皆揠苗之见也。

[注释]

①肩舆:轿子。
②莫:通"暮"。

③怃(wǔ)然:茫然自失的样子。

[译文]

到泽州、潞州办事,我与同僚一同乘坐轿子。天色接近傍晚,同僚问轿夫:"前路还有多远啊?"轿夫回答说:"五十里。"同僚听了,有种怅然若失的样子。没过一会儿,同僚又问:"现在还有多远啊?"轿夫回答说:"四十五里。"像这样询问了好几次,而且声音越来越严厉,急迫的样子不说都看得清清楚楚,甚至还有人急到怒骂。我在轿子中稍微休息了一会儿,接着下了轿,戏谑地对同僚说:"你看你如此费力,到头来还不是和我一个时间到达。"同僚笑着说:"我急得口水都干了,嗓子火辣辣的痛,这才相信兄台你是占了不少便宜啊。"喜欢占卜的人也是这样的。天下哪有婴儿不是自己出生而强行催生的道理?这大概就是揠(yà)苗助长的见识吧。

进香叫佛,某①不禁,同僚非之。余怃然曰:"王道②荆榛而后蹊径多。彼所为诚非善事,而心且福利之,为何可弗禁?所赖者缘是以自戒而不敢为恶也。故岁饥不禁草木之实,待年丰

外篇 | 259

彼自不食矣。善乎孟子之言曰'君子反经而已矣'。'而已矣'三字，旨哉妙哉！涵蓄多少趣味！"

〔注释〕

①某：用于自称，表示谦虚。
②王道：大路，比喻仁政。

〔译文〕

烧香拜佛，我不禁止，同僚对我的做法表示了异议。我怅然若失地说："大路被荆棘阻塞后，小路自然而然就多了起来。他们所做的烧香拜佛的事情固然不是什么好事，但内心只是想要福报和益处，我为什么不禁止呢？我所仰赖的是他们这样做尚且可以自我训诫不做恶事。因此，饥荒之年不禁止百姓吃草根树皮，等到丰年他们自然不会吃了。孟子有一句话说得很好，他说'君子反经而已矣'，君子只是想让事物回归正轨罢了。'而已矣'三个字，有深意，很妙，包含了很多趣味。"

日食脍炙①者，日见其美，若不可一日无。素食三月，闻肉味只觉其腥矣。今与脍炙人言腥,岂不讶哉?

〔注释〕

①脍炙:细切的肉和烤熟的肉。泛指佳肴。

〔译文〕

天天都吃肉的人,每天看到的都是佳肴,仿佛一日都不能不吃。素食三个月后,闻到肉味只会觉得肉腥。如今和吃肉的人说肉腥,怎么可能不惊讶呢?

钩吻、砒霜也都治病,看是甚么医手。

〔译文〕

钩吻、砒霜这样的毒物也都可以用来治病,关键看是什么样的医生使用。

家家有路到长安,莫辨东西与南北。

〔译文〕

家家都有路可以抵达长安,不论住在什么方向。

钟一鸣，而万户千门有耳者莫不入其声，而声非不足。使钟鸣于百里无人之野，无一人闻之，而声非有余。钟非人人分送其声而使之入人人，非取足于钟之声以盈吾耳，此一贯之说也。

〔译文〕

钟声一响，千家万户只要有耳朵的人都能听到钟声，钟声也不会因为听到的人多了就不足量。假如让钟在百里无人的荒野响起，没有一个人听得到，钟声也不会因为没被听到就有多出来的。钟声并不是分成了若干份儿后送到每个人耳朵里才让每个人都听到，人也不是要把足量的钟声充盈于耳朵才听到，这是一贯的说法。

未有有其心而无其政者，如溃种之必苗，爇①兰之必香；未有无其心而有其政者，如塑人之无语，画鸟之不飞。

〔注释〕

①爇（ruò）：焚烧，引燃。

〔译文〕

没见过用心却没好结果的,例如浸泡过的种子必定生苗,焚兰必定会飘香;没见过无心却有好结果的,例如泥塑的人不会说话,画出来的鸟飞不了。

某尝与友人论一事,友人曰:"我胸中自有权量。"某曰:"虽妇人孺子未尝不权量,只怕他大斗小秤。"

〔译文〕

我曾经和朋友讨论一件事,朋友说:"我心中自有衡量。"我说:"就算是妇人和小孩也都有自己的衡量,只怕他大斗进小秤出那样没有准数。"

鼾齁惊邻而睡者不闻,垢污满背而负者不见。

〔译文〕

鼾声惊醒邻床的人但熟睡中打鼾的人却听不到,背上全是污垢但自己却看不见。

被桐以丝,其声两相借也。道不孤成,功不独立。

〔译文〕

在桐木上披缠上丝线,发出的声音是桐木和丝线共同作用的结果。道不孤成,功不独立。

磨墨得省身克己①之法,膏②笔得用人处事之法,写字得经世③宰物④之法。

〔注释〕

①省身克己:检查自身过失,克制自己的非分之想。
②膏:蘸。
③经世:治理国家。
④宰物:从政治民,掌理万物。

〔译文〕

磨墨可以获得省身克己的方法,蘸墨可以获得用人处事的方法,写字可以获得经世宰物的方法。

只一条线,把紧要机括提掇①得醒,满眼景

物都生色,到处鬼神都响应。

〔注释〕

①提掇:提拉。

〔译文〕

只需要有一条线把关键的机关提拉得灵活,那么满眼的景物都会活灵活现,随处鬼神都响应。

口塞而鼻气盛,鼻塞而口气盛,鼻口俱塞,胀闷而死。治河者不可不知也。故欲其力大而势急,则塞其旁流;欲其力微而势杀也,则多其支派;欲其蓄积而有用也,则节其急流。治天下之于民情也亦然。

〔译文〕

嘴巴堵住了的话,鼻子的呼气就会加重,鼻子堵住了的话,嘴巴的呼吸就会加重,如果口鼻都堵住了,人就会胀闷而死。治理黄河的人不能不知道这个道理。所以如果想要水流冲击力大且水势湍急,就把旁边的支流堵住;想要河水冲击力小且水势减弱,就多开几条支流;想要把河水蓄积起来利用,就将急流节制住。治理天下,对待民情也是这个道理。

木钟撞之也有木声,土鼓击之也有土响,未有感而不应者也,如何只是怨尤?或曰:"亦有感而不应者。"曰:"以发击鼓,以羽撞钟,何应之有?"

〔译文〕

木钟被撞击后就会发出声音,土鼓被敲击后也会发出声响,没有感应到外力而不响应的,怎么能够只怨天尤人呢?有人说:"也有感应到外力但不响应的。"我回答说:"用头发去击鼓,用羽毛去撞钟,会有什么回应?"

器械,与其备二之不精,不如精其一之为约。二而精之,万全之虑也。

〔译文〕

器械,与其说准备两个但都不精良,不如专心准备一个最精良的才是便捷。如果两个都可以保证精良,那就是万全的考量了。

脍炙之处,蝇飞满几,而太羹①玄酒②不至。脍炙日增,而欲蝇之集太羹玄酒,虽驱之不至也。脍炙彻,而蝇不得不趋于太羹玄酒矣。是故返朴还淳,莫如崇俭而禁其可欲。

〔注释〕

①太羹:大羹,不加调味的肉汁。
②玄酒:古代祭祀时当酒用的清水。

〔译文〕

摆满美味佳肴的地方,苍蝇飞满茶几,但却不会落于供桌上的肉汁和清水处。佳肴越来越多,想让苍蝇飞到祭祀用的肉汁清水处,就算是驱赶它们,它们也不会飞过去。如果把佳肴都撤掉,就算不驱赶苍蝇也会飞到肉汁和清水那里。所以返璞归真,不如崇尚简朴并禁止欲望。

驼负百钧,蚁负一粒,各尽其力也。象饮数

石①,鼷饮一勺,各充其量也。君子之用人,不必其效之同,各尽所长而已。

〔注释〕

①石:容量单位,十斗为石。

〔译文〕

骆驼能背负百斤,蚂蚁只能背负一粒米的重量,它们是各尽其力。大象饮水几十斗,小鼠饮水只一勺,它们是各尽其量。君子用人,不必要求人人发挥的作用都一样,各尽所长罢了。

得良医而挠之,与委庸医而听之,其失均。

〔译文〕

得到良医但却阻挠他诊治,和全权委托庸医听任他胡乱诊治,这两种都是不好的。

以莫邪①授婴儿而使之御虏,以繁弱②授蒙瞍③而使之中的,其不胜任,授者之罪也。

〔注释〕

①莫邪(yé):古代名剑。
②繁弱:古代良弓。
③蒙瞍(sǒu):盲人。

〔译文〕

将宝剑交给婴儿,让他们拿着宝剑去抵御强敌;把良弓交给盲人,让他们射中目标,这都是不可能完成的任务,这是给他们宝剑和良弓的人的罪责。

君子之教人也,能妙夫因材之术,不能变其各具之质。譬之地然,发育万物者,其性也。草得之而为柔,木得之而为刚。不能使草之为木,而木之为草也。是故君子以人治人,不以我治人。

〔译文〕

君子教导人,妙处在于因材施教的能力,不会改变每个人各自的特质。例如大地,生发养育万物,这是它的特性。草得到大地养育生长得柔弱,树木得到大地养育生长得刚强。大地不会使草变成木,也不会使木变成草。所以君子根据每个人的特质来教导人,而不是以自己的特性来教导人。

羊肠之隘,前车覆而后车协力,非以厚之也,前车当关,后车停驾,匪惟同缓急,亦且共利害。为人也,而实自为也。呜呼!士君子共事而忘人之急,无乃所以自孤也夫。

〔译文〕

狭窄的羊肠小路上,前面的车若是倾覆了,那么后面的车一定会协力帮忙,这不是因为有深厚的交情,是因为前面的车一旦挡住了去路,后面的车就只能停下来,前后的车不仅是同缓急,也是共利害。看上去这是帮助别人,实际也是帮助了自己。唉!士君子和别人一同做事的时候若是忘了别人的急难,无疑是在让自己陷入孤立的境遇。

石不入水者,坚也;磁①不入水者,密也。人身内坚而外密,何外感之能入?物有一隙,水即入一隙;物虚一寸,水即入一寸。

〔注释〕

①磁:磁器,即瓷器。

〔译文〕

石头不会有水渗入,是因为石头坚硬;瓷器不会有水渗入,是因为瓷器坚密。人若能够保证内心坚强外在坚密,哪里还会有外感入侵呢?物体但凡有一丝间隙,水便会渗入一丝;但凡短了一寸,水就会渗入一寸。

颈擎①一首,足荷七尺,终身由之而不觉其重,固有之也。使他人之首枕我肩,他人之身在我足,则不胜其重矣。

〔注释〕

①擎(qíng):托。

〔译文〕

脖颈托着头部,双足承担七尺身躯,一辈子都是这样也不觉得沉重,是因为本身就是这样的。如果使别人的头枕在自己的肩颈,他人的身躯在自己的双足之上,那么就会觉得沉重得承担不了了。

不怕炊不熟,只愁断了火。火不断时,炼金、煮砂可使为水、作泥。而今冷灶清锅,却恁空忙作甚?

〔译文〕

不怕煮不熟,就怕中途断了火。火不断的时候,金子能被炼为金水,砂石能被煮成泥浆。如今冷灶清锅,徒然忙个什么呢?

一人入饼肆,问:"饼直几何?"馆人曰:"饼一钱一。"食数饼矣,钱如数与之。馆人曰:"饼不用面乎?应面钱若干。"食者曰:"是也。"与之。又曰:"不用薪水乎?应薪水钱若干。"食者曰:"是也。"与之。又曰:"不用人工为之乎?应工钱若干。"食者曰:"是也。"与之。归而思于路曰:"吾愚也哉!出此三色钱,不应又有饼钱矣。"

〔译文〕

一个人走进饼店里问:"一个饼多少钱?"饼店的人说:"一个饼一钱。"这人吃了几个饼后,如数把钱付了。饼店的人说:"做饼难道不用面吗?应该给相应的面钱。"吃饼的人说:"有道理。"接着把面钱付了。饼店的人又说:"做饼难道不用火和水吗?应该付相应的柴火费和水费。"吃饼的人说:"有道理。"接着把柴火费和水费也付了。饼店的人又说:"做饼难道不用人工吗?应该付相应的人工费。"吃饼的人说:"有道理。"接着把人工费也付了。吃饼的人在回去的路上想想说:"我真是愚蠢啊!我付了这三种钱的话,就不应该再付饼钱了啊。"

以佳儿易一跛子,子之父母不从,非不辨美恶也,各有所爱也。

〔译文〕

用身体健康的孩子去换一个腿脚不便的孩子,跛腿孩子的父母不会答应,不是他们不会分辨好坏,而是各自有各自疼爱的孩子。

某尝入一富室,见四海奇珍山积。曰:"某物予取诸蜀,某物予取诸越,不远数千里,积数十年以有今日。"谓予:"公有此否?"曰:"予性无所嗜,设有所嗜,则百物无足而至前。"问:"何以得此?"曰:"我只是积钱。"

〔译文〕

我曾经到一个富豪之家,看到房内堆积着四海的奇珍异宝。富豪说:"这个是从蜀地得到的,这个是从越地得到的,这些宝物都来自数千里之遥的地方,我累积了数十年才有今日的收藏量。"富豪还问我说:"您有这些吗?"我说:"我生性不喜欢这些,假如我喜欢的话,那么这些东西哪怕没有脚也会走到我面前。"富豪问:"怎样才能做到?"我说:"我只是攒钱。"

弄潮于万层波面,进步于百尺竿头。

〔译文〕

在万层波面弄潮,在百尺竿头处更进一步。

人之手无异于己之手也,腋肋足底,己摸之不痒,而人摸之则痒。补之齿不大于己之齿也,己之齿不觉塞,而补之齿觉塞。

〔译文〕

别人的手和自己的手没有区别,但是腋下、两肋、足底之类的地方,自己摸不觉得痒,别人摸就会痒。补的牙齿不会比自己的牙齿大,自己的牙齿不觉得塞,补的牙齿就会觉得塞。

四脚平稳,不须又加榰①垫。

〔注释〕

①榰(zhī):支撑。

〔译文〕

四脚平稳,无须再加支撑的垫子。

只见倒了墙,几曾见倒了地。

〔译文〕

只见过墙倒了,什么时候曾经见过地倒了。

无垢子浴面,拭之以巾,既而洗足,仍以其巾拭之。弟子曰:"舛①矣,先生之用物也,即不为物分清浊,岂不为身分贵贱乎?"无垢子曰:"嘻!汝何太分别也。足未濯时,面洁于足,足既濯时,何殊于面?面若不浴,面同于足,洁足污面,孰贵孰贱?"予谓弟子曰:"此禅宗也。"分别与不分别,此孔、释之所以殊也。

〔注释〕

①舛(chuǎn):差错。

〔译文〕

无垢子洗完脸后,用毛巾擦拭,接着又洗了脚,仍然用之前那条毛巾擦脚。弟子说:"错了,先生使用物品,就算是不区分物品的清浊,难道也不区分身体各个部分的贵贱吗?"无垢子说:"哈!你区分得太过了。没洗脚的时候,脸比脚干净,脚洗过后,和脸有什么区别?脸若是不洗,脸就和脚一样脏,干净的脚和脏的脸,哪个贵哪个贱?"我对弟子说:"这就是禅宗。"区分还是不区分,这就是儒家和佛教不同的地方。

两家比舍而居,南邻墙颓,北邻为之涂墍丹垩而南邻不归德;南邻失火,北邻为之焦头烂额而南邻不谢劳。

〔译文〕

两家邻居房子紧紧挨着,南边邻居家的墙倒塌了,北边邻居帮他修补好但南边邻居并不感恩;南边邻居家失火,北边邻居救火忙得焦头烂额可是南边邻居也不感谢他的辛劳。

喜者大笑,而怒者亦大笑;哀者痛哭,而乐者亦痛哭;欢畅者歌,而忧思者亦歌;逃亡者走,而追逐者亦走。岂可以形论心哉。

〔译文〕

欢喜的人大笑,愤怒的人也大笑;悲伤的人痛哭,快乐的人也痛哭；心情舒畅的人唱歌，忧思的人也唱歌；逃亡的人奔跑，追逐的人也奔跑。怎么能以外在表现来论断内心呢。

抱得不哭孩儿易，抱得孩儿不哭难。

〔译文〕

抱不哭的小孩儿容易，通过抱小孩儿让他不哭就很难。

疥癣虽小疾，只不染在身上就好。一到身上，难说是无病底人。

〔译文〕

疥癣虽然是小毛病，只要不生在自己身上就好。一旦生到身上，很难再说自己是没病的人了。

词　章

"六经"之文不相师也，而后世不敢轩轾。后之为文者，吾惑矣。拟韩临柳，效马学班，代相祖述,窃其糟粕,谬矣。夫文以载道也,苟文足以明道,谓吾之文为六经可也。何也?与六经不相叛也。否则,发明申、韩之学术,饰以六经之文法,有道君子以之覆瓿矣。

〔译文〕

六经的内容各不相同,相互都不效仿,而后世也不敢评论它们哪个高哪个低。后世那些写文章的人,我感到很疑惑。他们模仿韩愈、柳宗元,效法司马迁、班固,一代代承袭先辈,受前人的糟粕影响,这太不对了。文章是用来承载、彰显道理的,只要文章足以阐明道理,说我的文章是六经之文也可以。为什么呢?因为它与六经不相违背啊。不然的话,明明是推广申不害、韩非之流法家的学术,却用六经的文法来修饰,有道君子只能用这些文章来盖酱缸了。

一先达①为文示予,令改之,予谦让。先达曰:"某不护短,即令公笑我,只是一人笑。若为我回护②,是令天下笑也。"予极服其诚,又服其智。嗟夫!恶一人面指,而安受天下之背笑者,岂独文哉！岂独一二人哉！观此可以悟矣。

〔注释〕

①先达：有德行学问的前辈。
②回护：庇护，袒护。

〔译文〕

一位前辈写了一篇文章给我看，让我修改，我谦让。前辈说："我不会护短，就算这篇文章让你笑话我，也只是你一人笑我。若是你袒护我，那就是让天下人都笑话我了。"我非常佩服这位前辈的坦诚与智慧。唉！不喜欢被一个人当面指责批评，但是却能接受被天下人背后讥讽嘲笑，岂止是文章这样！岂是只有一二人这样！看到这里就该醒悟了。

愁红怨绿①是儿女语，对白抽黄②是骚墨语，叹老嗟卑③是寒酸语，慕膻附腥④是乞丐语。

〔注释〕

①愁红怨绿：指经过风雨摧残的残花败叶。多寄以对身世凄凉的感情。红、绿，指花和叶。

②对白抽黄:对仗工整。
③叹老嗟卑:感叹年纪已大还没有显达。
④慕膻附腥:羡慕和依附权贵,追逐利益。

〔译文〕

愁红怨绿是表达儿女情长的语言,对白抽黄是指骚人墨客的语言,叹老嗟卑是贫困窘迫之人的语言,慕膻附腥是乞丐的语言。

艰语深辞,险句怪字,文章之妖而道之贼也,后学之殃而木之灾也。路本平而山溪之,日月本明而云雾之。无异理有异言,无深情有深语。是人不诛而是书不焚,有世教之责者之罪也。若曰其人学博而识深,意奥而语奇,然则孔、孟之言浅鄙甚矣。

〔译文〕

艰深晦涩的语言文辞,怪异难懂的文字语句,这些都是阻碍文章顺畅的妖魔,是妨碍义理宣扬的盗贼,是后世学人的灾祸,也是书籍雕版印刷的灾祸。道路原本是平坦的,但是有山谷小溪阻挡;日月原本是明亮的,但是有云雾笼罩。天下没有怪异的道理却有怪异的语言，没有艰深的情感却有艰深的表达。这样的人不警诫，这样的书不焚烧，这是世间担负有教导责任的人的罪责。如果认为这样的人是学识渊博、见识深远、意义深奥、语言新奇，那只能说孔子、孟子的语言是相当浅陋鄙俗了。

圣人不作无用文章，其论道则为有德之言，其论事则为有见之言，其叙述歌咏则为有益世教之言。

〔译文〕

圣人不会去写没有用的文章，若文章用来论道就用有德的语言，若是论事就用有见地的语言，若是用来叙述歌咏就用有益于世间教化的语言。

圣人作经，有指时物者，有指时事者，有指方事者，有论心事者，当时精意与身往矣。话言所遗，不能写心之十一，而儒者以后世之事物，一己之意见度之，不得则强为训诂。呜呼！汉宋诸儒不生，则先圣经旨后世诚不得十一，然以牵合附会而失其自然之旨者亦不少也。

〔译文〕

圣人写作经典文章,有的针对当时的事物,有的针对当时的事件,有的针对某一方面的事情,有的是谈论心中所思所想,当时的精意伴随着当时的具体情况。文章话语中遗留下来的意涵,还不能表达内心所想的十分之一,然而儒者却用后世的事物和自己的所思所想来揣度先贤圣人的想法,揣摩不出就强行解释。唉!若是没有汉代、宋代的这些儒生,诚然,这些先贤圣人所作经典文章中的旨意后人得不到十分之一,然而因为这些儒生牵强附会的解释而丧失的先贤经典中的意涵也是不少的。

圣人垂世①则为持衡之言,救世则有偏重之言。持衡之言达之天下万世者也,可以示极,偏重之言因事因人者也,可以矫枉。而不善读书者,每以偏重之言垂训,乱道也夫!诬圣也夫!

〔注释〕

①垂世:留传于世。

〔译文〕

圣人流传后世的文章多为平衡公允的文字,挽救当世的文章则多是有所偏重的文字。平衡公允的文字可以流传天下万世万代,有所偏重的文字则是因事因人不同而有所不同,可以矫正一些错误。然而不善于读书的人,每每以有所偏重的文字来垂范后世,这是让道理混乱的做法,也是对圣人有所误解的做法!

文章有八要:简、切、明、尽、正、大、温、雅。不简则失之繁冗,不切则失之浮泛,不明则失之含糊,不尽则失之疏遗,不正则理不足以服人,不大则失冠冕之体,不温则暴戾刻削,不雅则鄙陋浅俗。庙堂文要有天覆地载①,山林文要有仙风道骨,征伐文要有吞象食牛②,奏对文要有忠肝义胆。诸如此类,可以例求。

〔注释〕

①天覆地载:形容至大至广。
②吞象食牛:形容志气高,壮志雄心,气概豪迈。

〔译文〕

　　文章有八个要素：简、切、明、尽、正、大、温、雅。不简洁就会繁杂冗长，不切中要点就会显得浮夸且泛泛而谈，不明确就会含糊不清，不说尽说全就会有所遗漏，不公正则理不足以服人，不大气就会有失体统，不温良就会显得暴戾，不雅致就会显得鄙陋浅俗。朝堂上的文章要有广阔的气度，隐逸的文章要有仙风道骨，征讨用的文章要有吞象食牛的豪迈气概，奏对的文章要显示忠肝义胆。诸如此类，可以类推。

　　《太玄》虽终身不看亦可。

〔译文〕

　　扬雄的《太玄》一辈子不看也是可以的。

　　自乡举里选①之法废，而后世率尚词章。唐以诗赋求真才，更为可叹。宋以经义取士，而我朝因之。夫取士以文，已为言举人矣，然犹曰：言，心声也，因文可得其心，因心可知其人。

其文爽亮者,其心必光明,而察其粗浅之病。其文劲直者,其人必刚方,而察其豪悍之病。其文藻丽者,其人必文采,而察其靡曼②之病。其文庄重者,其人必端严,而察其寥落之病。其文飘逸者,其人必流动,而察其浮薄之病。其文典雅者,其人必质实,而察其朴钝之病。其文雄畅者,其人必挥霍,而察其趼弛③之病。其文温润者,其人必和顺,而察其巽软④之病。其文简洁者,其人必修谨⑤,而察其拘挛⑥之病。其文深沉者,其人必精细,而察其阴险之病。其文冲淡⑦者,其人必恬雅,而察其懒散之病。其文变化者,其人必圆通,而察其机械⑧之病。其文奇巧者,其人必聪明,而察其怪诞之病。其文苍老者,其人必不俗,而察其迂腐之病。

有文之长而无文之病,则其人可知矣。文即未纯,必不可弃。

今也但取其文而已,见欲深邃,调欲新脱,意欲奇特,句欲钉饾⑨,锻炼⑩欲工,态度欲俏,粉黛欲浓,面皮欲厚。是以业举⑪之家弃理而工辞,忘我而徇世,剽窃凑泊,全无自己神情,口语笔端迎合主司好尚,沿习之调既成,本然之天不露。而校文者亦迷于世调,取其文而忘其人,何异暗摸而辨苍黄⑫,隔壁而察妍媸?欲得真才,岂不难哉?

　　隆庆戊辰,永城胡君格诚登第⑬,三场文字皆涂抹过半,西安郑给谏⑭大经所取士也,人皆笑之。后余阅其卷,乃叹曰:"涂抹即尽,弃掷不能。"何者?其荒疏狂诞,绳之以举业,自当落地,而一段雄伟器度、爽朗精神,英英然一世豪杰如对其面,其人之可收,自在文章之外耳。胡君不羁之才,难挫之气,吞牛食象,倒海冲山,自非寻常庸众人。惜也!以不合世调,竟使沉沦。余因拈出,以为取士者不专在数篇工拙,当得之牝牡骊黄⑮之外也。

〔注释〕

　　①乡举里选:古代选拔人才的一种方式,从乡里中考察推荐人才,为察举制。
　　②靡曼:奢侈淫靡。

③跅(tuò)弛:放荡不羁。

④巽(xùn)软:怯懦。

⑤修谨:行事或处事谨慎,恪守礼法。

⑥拘挛:拘泥,拘束。

⑦冲淡:淡泊,恬静。

⑧机械:巧诈,机巧。

⑨钉(dìng)饾(dòu):比喻堆砌,杂凑。

⑩锻炼:锤炼文辞。

⑪业举:为科举应试而学习。

⑫苍黄:青色和黄色。

⑬登第:登科,考取进士。

⑭给谏:唐宋给事中和谏议大夫的合称。

⑮牝(pìn)牡骊黄:挑选好马不必拘泥于毛色、性别等。比喻非本质的表面现象。

[译文]

　　自从乡举里选的人才选拔机制被废除后,后世大多崇尚诗词文章。唐代以诗词歌赋来选拔真正的人才,更是为人所赞叹。宋代以经义来选拔人才,我朝因袭了这种做法。凭借文章来选拔人才,已经可以说是通过语言来选拔人才了,然而还可以进一步说是言为心声,通过文章可以看到一个人的内心,通过内心进而能知道一个人的品格。

　　文风爽朗明亮的人，内心必定是光明的，就要考察一下他是否会有想法粗浅的问题。文风强劲刚直的人，内心必定是刚正不阿的，就要考察一下他有时是否会有豪悍的毛病。文章辞藻华丽的人，内心必定重视文采，就要考察一下他是否有骄奢淫逸的毛病。文风庄重的人，内心必定是端正严肃的，就要考察一下他是否会孤傲不合群。文风飘逸潇洒的人，内心必定是灵动的，就要考察一下他是否会有轻薄不定的毛病。文章典雅的人，内心必定是质朴实在的，就要考察一下他是否会愚鲁迟钝。文风雄浑畅达的人，内心必定喜好挥霍，就要考察一下他是否有放荡不羁的毛病。文风温润的人，内心必定和顺，就要考察一下他是否有怯懦的毛病。文风简洁的人，内心必定恪守礼法、处事谨慎，就要考察一下他是否有过度拘泥的毛病。文风深沉的人，内心必定精打细算，就要考察一下他是否会失于阴险。文风淡泊的人，内心必定恬静雅致，就要考察一下他是否有懒散的毛病。文风善于变化的人，内心必定圆通，就要考察一下他是否有巧诈的毛病。文风奇巧的人，内心必定聪明，就要考察一下他是否有怪诞的毛病。文风苍老的人，内心必定不俗，就要考察一下他是否迂腐。

　　文章有上述文风特质而人没有上述所提及的毛病，

那么这个人的品格就可以知道了。哪怕文章没有达到尽善尽美，其人也没有必要被放弃。

如今也只是选取其文章罢了，就要求文章见解要深邃，格调要新颖脱俗，立意要奇特，句子讲究铺排堆砌，文辞要公正，态度要俏丽，修饰要浓重，脸皮要厚。所以那些打算参加科举的人就会放弃追求义理转而专注文辞，忘了自我而迎合世人，到处抄袭拼凑，全然没有自己的风格，不论是说话还是写文章，都在迎合主考官的喜好，这种习惯养成并沿袭下去，自己的天性就不会表露了。然而评校文章的人也沉迷于世间这种论调，只看文章却忘了观察其人，这和在黑暗中辨认区分青色与黄色，隔着墙壁观察美丑有什么区别呢？这样还想要选出真正的人才，怎么可能不难呢？

隆庆戊辰年间，永城胡格诚考取进士，三场考试中的卷面文章都有一大半涂抹痕迹，他是西安郑大经给谏所选取的进士，人们都笑话他。后来我看了他的考卷，忍不住感慨地说："他的卷面文章就算是全被涂抹过，我也不会放弃他。"为什么这样说呢？他的文风荒疏狂诞，若是以科举的标准来判定的话，自然是应当落选，但是文字中那雄伟气度、爽朗精神、英雄气概的一世豪杰形象仿佛就在眼前，这样的人才会被选拔出来的理由，自然是在文章之外。胡君不羁的才情，打不倒的英勇气概,简直可以吞牛食象、倒海冲山,自然不是寻常平庸之人可比。可惜啊,就因为他不符合世人的喜好,竟然导致落选。我因此特意把他挑选出来讲,就是想说选拔人才不能只看几篇文章写得好坏,应当从表面现象之外去看本质进而发掘人才。

　　《左传》《国语》《战国策》,春秋之时文也,未尝见春秋时人学三代。《史记》《汉书》,西汉之时文也,未尝见班、马学《国》《左》。今之时文,安知非后世之古文?而不拟《国》《左》,则拟《史》《汉》,陋矣,人之弃己而袭人也!六经四书,三代以上之古文也,而不拟者何?习见也。甚矣,人之厌常而喜异也!余以为文贵理胜,得理何古何今?苟理不如人而摹仿于句字之间,以希博洽①之誉,有识者耻之。

〔注释〕

　　①博洽:广博。

〔译文〕

　　《左传》《国语》《战国策》是春秋时期的文章,从中没有看到春秋时期的人学习三代时的文风。《史记》《汉书》是西汉时期的文章,从中也没看出司马迁、班固学习《国语》《左传》的影子。今日的文章,怎么知道就不会成为后世人眼中的古文呢?不是模仿《国语》《左传》就是模仿《史记》《汉书》,浅薄啊,这种行为是抛弃了自己的东西而去沿袭别人!六经四书是三代以上的古文,为什么人们不模仿呢?是因为常常看到的缘故。人们不喜欢寻常见的而喜欢特异的,这种心理很强烈了!我认为文章贵在以理取胜,只要道理讲得清楚,管什么古文还是今文呢?如果文章的道理讲得不如别人,只是字句表面模仿别人,以求得广博的称赞,有见识的人以这样的行为为耻辱。